ro
ro
ro

Stimmt's dass …

Kinder mehr Schlaf brauchen als Erwachsene? Ein verschluckter Kaugummi den Magen verklebt? Katzen immer auf die Füße fallen und Strauße bei Gefahr den Kopf in den Sand stecken?
Oft glauben wir nur, etwas zu wissen, obwohl niemand wirklich überprüft hat, ob es stimmt. Trotzdem werden solche Geschichten, so genannte Legenden, Generation für Generation weitererzählt – manchmal auch weitergedichtet, bis sie zu echten Lügengeschichten werden. Da besonders ihr Kinder immer wieder an der Nase herumgeführt werdet, ist der Autor dem Ursprung vieler Fragen auf den Grund gegangen und beantwortet eindeutig, was stimmt und was nicht.
Habt ihr noch weitere «Stimmt's»-Fragen? Dann könnt ihr sie Christoph Drösser unter der E-Mail-Adresse stimmts@rowohlt.de stellen.

Christoph Drösser ist Redakteur bei der Wochenzeitung «Die Zeit» in Hamburg. Dort schreibt er unter anderem die Kolumne «Stimmt's?», in der er regelmäßig eine Leserfrage nach einer Alltagslegende beantwortet – allerdings stammen die meistens von Erwachsenen. Der Autor, Vater eines zehnjährigen, fragefreudigen Sohns, wird dies mit «Stimmt's?» für clevere Kids ändern.

Antje von Stemm, Jugendliteraturpreisträgerin und Papieringenieurin, kann mit Schere und ein wenig Klebe die tollsten Dinge aus Papier zaubern. Für «Stimmt's?» hat sie sich ein cleveres Kärtchenspiel für die ganze Familie ausgedacht, das es in sich hat.

Christoph Drösser

Stimmt's?

**Freche Fragen, Lügen und Legenden
für clevere Kids**

Rowohlt Taschenbuch Verlag

science & fun

Lektorat Angelika Mette

Originalausgabe ·
Veröffentlicht im Rowohlt
Taschenbuch Verlag GmbH,
Reinbek bei Hamburg,
November 2001 ·
Copyright © 2001 by Rowohlt
Taschenbuch Verlag GmbH,
Reinbek bei Hamburg ·
Umschlaggestaltung
Barbara Hanke, Hamburg ·
Foto: Tony Stone Images ·
Reihentypografie und Layout
Iris Farnschläder,
Hamburg ·
Gesetzt aus Minion
und Thesis Serif
in QuarkXPress 4.1 ·
Gesamtherstellung
Clausen & Bosse, Leck ·
Printed in Germany ·
ISBN 3 499 21163 7

Die Schreibweise
entspricht den Regeln
der neuen Rechtschreibung.

 für Lukas

Inhalt

Vorwort

Erwachsene wissen mehr als Kinder. Klar, sie hatten ja auch viel mehr Zeit zu lernen. Aber oft *glauben* Erwachsene auch nur, etwas zu wissen, und in Wirklichkeit ist gar nicht so klar, ob es stimmt. Wie beim Spiel «Stille Post» schnappt man eine Weisheit irgendwo auf und erzählt weiter, was man verstanden hat. Legenden nennt man solche Geschichten, die angeblich stimmen, aber oft gar nicht wahr sind.

In der Wissenschaft geht es anders zu. Wenn da jemand etwas behauptet, dann wird das mit Experimenten überprüft. Früher zum Beispiel glaubten die Leute, dass schwere Gegenstände schneller fallen als leichte. Bis man dann tatsächlich mal Versuche machte und herausfand, dass eine Zwei-Kilo-Eisenkugel eben nicht schneller fällt als eine Ein-Kilo-Kugel.

Aber im täglichen Leben sind wir keine Wissenschaftler und können daher nicht alles überprüfen. Es ist ja auch ganz praktisch, dass man zum Beispiel Eltern hat, die schon so vieles wissen und denen man meistens glauben kann. Trotzdem ist es manchmal ganz sinnvoll, auch über deren Geschichten nachzudenken und zu schauen, ob nicht schon mal ein Wissenschaftler versucht hat, sie zu überprüfen. Genau das habe ich bei den Fragen in diesem Buch gemacht und bin manchmal zu ganz verblüffenden Ergebnissen gekommen.

Und trotzdem stehen auch hier keine ewigen Wahrheiten. Denn in der Wissenschaft gilt: Neue Ergebnisse können alte Theorien über den Haufen werfen. Ihr könnt euch also bei einem Streit gerne auf mein Buch berufen – aber denkt immer dran: Irren ist zum Glück immer noch menschlich.

Christoph Drösser

Morgens ist man größer als abends

Dass wir Menschen uns aufrecht halten können, verdanken wir der Wirbelsäule, auch Rückgrat genannt. Dabei handelt es sich nicht um eine starre Säule, sondern um ein äußerst biegsames Gebilde aus einzelnen so genannten Wirbeln – sonst könnte man sich beispielsweise nicht bücken, sondern müsste immer so herumlaufen, als hätte man einen Spazierstock verschluckt.

Würden die Wirbelknochen direkt aufeinander stoßen, dann würden sie aneinander reiben und wären bald kaputt. Denn die Wirbelsäule muss große Belastungen aushalten, etwa wenn man etwas Schweres hebt. Deshalb liegen zwischen den Wirbeln weiche Polster, die so genannten Bandscheiben. Die müsst ihr euch wie einen kleinen, mit Wasser gefüllten Schwimmring vorstellen. Nur dass die Außenhaut der Bandscheibe nicht völlig wasserdicht ist. So kann sie unter hohem Druck Wasser abgeben, anstatt zu zerplatzen. Und genau das passiert während des Tages: Durch die vielen Belastungen verlieren die Bandscheiben Wasser und werden platter – der Mensch wird kleiner, und zwar (bei Erwachsenen) etwa zwei Zentimeter. In der Nacht, wenn man im Bett liegt, saugen sich die Bandscheiben wieder voll, und wir gehen wieder in die Länge. Durch diesen Wasseraustausch wird die Bandscheibe übrigens auch mit wichtigen Nährstoffen versorgt. Deshalb ist regelmäßige Bewegung gut für die Wirbelsäule.

Eis ist glatt

Eis an sich ist überhaupt nicht glatt. Eis wird erst dann glitschig, wenn sich eine Wasserschicht an der Oberfläche gebildet hat. Und die kann auf unterschiedliche Weise entstehen. Erstens: Der Boden ist gefroren, und es regnet darauf. Eine sehr gefährliche Sache, vor allem für Autofahrer, die bei «plötzlich gefrierender Nässe» ins Rutschen geraten. Zweitens: Die Eisfläche wird erwärmt, sodass sie taut. Das ist zum Beispiel der Fall, wenn man über einen gefrorenen See schlittert. Denn die Reibung der Schuhsohlen auf dem Eis erzeugt Wärme. Dasselbe passiert, wenn ein Autofahrer auf Eis eine Vollbremsung macht – die blockierenden Räder wärmen das Eis auf, und es entsteht ein Wasserfilm.

Noch ein anderer Effekt ist beim Schlittschuhlaufen im Spiel. Dabei wird nämlich unser ganzes Gewicht auf die winzige Fläche gedrückt, mit der die Kufen auf dem Eis stehen. Es entsteht ein ziemlich hoher Druck. Und unter Druck verändert Wasser (auch gefrorenes) seine Eigenschaften – unter anderem sinkt der Gefrierpunkt. So kann das Eis auch bei ein paar Minusgraden flüssig werden. Und auf dieser kalten Flüssigkeit ziehen Schlittschuhläufer ihre Bahnen.

Experimente

Der wandernde Faden

Dass man durch bloßen Druck Eis zum Schmelzen bringen kann, könnt ihr mit folgendem Experiment nachweisen:
Ihr braucht einen Eisblock (den kann man zum Beispiel erzeugen, indem man eine kleine Plastikdose mit Wasser füllt und ins Gefrierfach stellt), einen möglichst dünnen und stabilen Faden (am besten aus Nylon), zwei schwere Gewichte. Dann baut ihr, zum Beispiel aus Legosteinen, zwei Pfeiler, auf denen euer Eisblock sicher liegt. Baut das ganze am besten in einem Spülbecken auf. An den beiden Enden des Fadens werden die Gewichte befestigt und das Ganze dann so quer über den Eisblock gelegt, dass die Gewichte frei hängen. Jetzt müsst ihr einfach warten – wenn die Gewichte schwer genug sind, dann «wandert» der Faden durch den Eisblock, über ihm friert der Block wieder zusammen, und irgendwann plumpsen die Gewichte runter – ohne dass der Eisblock zerteilt worden ist!

Das Chamäleon passt seine Farbe der Umgebung an

Die Fähigkeit, die Farbe zu wechseln, ist die bekannteste Eigenschaft von Chamäleons. Manchmal sagt man ja auch über einen Menschen, er sei ein Chamäleon, und meint damit, dass er sich in jeder Situation anpasst, um bloß nicht aufzufallen.

Nur: Mit Tarnung hat dieser Farbwechsel wenig zu tun. Die Reptilien sind sowieso schon so ähnlich gefärbt wie ihre Umgebung und können auch längst nicht alle Farben darstellen. Ein blaues oder rotes Chamäleon wird man nicht zu Gesicht bekommen – die Farben sind eher verschiedene Grün- und Brauntöne. Bei den in der Wüste lebenden Chamäleons mehr Braun, bei denen im Wald mehr Grün.

Tatsächlich hat der Wechsel der Farbschattierungen eher mit anderen Dingen zu tun: So verfärben sich Chamäleons, wenn sie Angst haben oder von anderen Tieren angegriffen werden, etwa um die Angreifer abzuschrecken. Aber absichtlich macht das Chamäleon das nicht – manchmal ändert sich die Farbe auch einfach, wenn es wärmer, kälter, dunkler oder heller wird. Oder wenn ein Regentropfen auf es drauf fällt.

Viel spektakulärer als der Farbwechsel sind zwei andere Eigenschaften des Chamäleons: die Kunst, mit der langen Zunge Insekten aus der Luft zu fangen, und die Fähigkeit, das rechte und das linke Auge unabhängig voneinander zu bewegen. So können sie zwei Fliegen in der Luft gleichzeitig mit dem Blick verfolgen.

Das Tote Meer ist tot

Das Tote Meer ist zunächst einmal gar kein Meer, sondern ein See in Israel. Er liegt in einer sehr heißen Wüstengegend und hat zwei Besonderheiten: Erstens liegt er 400 Meter unter dem Meeresspiegel. So etwas wäre in Deutschland gar nicht möglich – wenn man bei uns ein 400 Meter tiefes Loch gräbt, läuft es sofort mit Wasser voll, weil es bei uns überall Grundwasser gibt. In der Wüste aber ist das möglich, weil der Grundwasserpegel so niedrig liegt.

Die zweite Besonderheit des Toten Meeres: Es ist salzig. Sehr, sehr salzig. Und das kommt so: Der See hat einen Zufluss (den Jordan), aber keinen Abfluss. Er wird nur deshalb nicht immer größer, weil in der Hitze praktisch genauso viel Wasser verdunstet, wie hineinfließt. Bei Salzwasser verdunstet aber nur das Wasser, nicht das Salz. Und so hat sich im Lauf der Zeit sehr viel Salz im Toten Meer angesammelt.

Dieses Salzwasser schmeckt zwar eklig, aber dafür gibt es einen ganz angenehmen Effekt: Physikalisch ist Salzwasser dichter als Süßwasser. Ein Liter davon wiegt deshalb mehr als ein Liter Leitungswasser. Und daher trägt es den Körper beim Schwimmen besser. Im Toten Meer kann man auf dem Rücken liegen und Zeitung lesen, erzählen Urlauber.

Für Lebewesen ist diese Salzbrühe, die noch zehnmal salziger ist als das normale Meerwasser, wirklich keine sehr angenehme Umgebung. Fische gibt es im Toten Meer überhaupt nicht. Aber ganz tot ist es auch nicht: Es gibt einige Bakterienarten, die sich im Salzwasser wohl fühlen, und von einer Krabbenart habe ich auch gelesen.

Man kann sich nicht selbst kitzeln

Also, erst mal gibt es wahrscheinlich einige unter euch, die gar nicht wissen, wovon wir reden. Die sind nämlich nicht kitzelig. Die anderen wissen dagegen: Es ist etwas ganz anderes, wenn ein anderer uns so richtig durchkitzelt, als wenn wir das selber versuchen. Aber wieso ist das so?

Es hat damit zu tun, dass unser Gehirn viele Dinge, die unsere Sinne wahrnehmen, gar nicht registriert. Denkt mal drüber nach, was wir so alles im täglichen Leben an Reizen bekommen, vor allem über den Tastsinn, also die Haut: Wenn wir alles bemerken würden, dann müssten uns beim Gehen bei jedem Schritt die Fußsohlen jucken; wenn wir auf einem Stuhl sitzen, müsste der Po melden, dass er ständig unter Druck steht. Wenn wir schwimmen, funkt jeder Quadratzentimeter der Haut ins Gehirn: Achtung, kaltes Wasser! Damit das arme Gehirn in der Flut dieser Nachrichten nicht «ertrinkt», kann es offenbar die «selbstverständlichen» Botschaften ausblenden. Wie mit einem Filter werden nur die wichtigen Signale wirklich bewusst wahrgenommen.

In den letzten Jahren hat eine englische Hirnforscherin einen Versuch zum Selbstkitzeln durchgeführt: Die Versuchspersonen wurden in einen Apparat geschoben, der die Aktivitäten des Gehirns sichtbar macht. Und dann mussten sie sich mit einer Stange, an der ein Stück Schaumgummi befestigt war, einmal selbst kitzeln. Das andere Mal wurden sie von jemand anderem an empfindlichen Stellen zum Lachen gebracht. Das Ergebnis: Die Gegenden im Hirn, die auf Berührung reagieren, waren beim Selbstkitzeln weniger aktiv und ebenso das Belustigungszentrum. Es scheint also im Gehirn eine Stelle zu geben, die den anderen Teilen beim Eintreffen eines Selbstkitzelreizes sagt: «Regt euch nicht auf, das sind nur wir selbst.»

Pinguine fallen hinten rüber, wenn Flugzeuge über sie hinwegfliegen

Das ist eine schöne Geschichte, die zeigt, wie sich Gerüchte so lange verbreiten, bis sie fast jeder glaubt. Also: In den achtziger Jahren des letzten Jahrhunderts gab es einmal einen kurzen Krieg zwischen England und Argentinien um die Falkland-Inseln. Die liegen im südlichen Atlantik, gar nicht so weit von der Antarktis entfernt. Britische Militärpiloten, die zurück in die Heimat kamen, erzählten die folgende Geschichte: Immer wenn sie, von vorn kommend, über eine Gruppe von Pinguinen hinweggeflogen seien, hätten diese wegen der für sie ungewohnten Erscheinung eines Flugzeuges zu ihnen hochgeguckt und dabei den Kopf immer weiter in den Nacken gelegt, bis sie schließlich nach hinten umgeplumpst seien. Die Geschichte verbreitete sich über die ganze Welt, vor allem über das Internet, in dem solche Gerüchte besonders wuchern.

Im November 2000 ging dann eine weitere Meldung durch die Medien: Tatsächlich machte eine angesehene britische Forschungsgesellschaft eine Expedition zu der Falklandinsel South Georgia. Zwar nicht nur wegen des Gerüchts, sondern vor allem wegen der Frage, wie Fluglärm auf Tiere wirkt. Aber man wollte sich in diesem Zusammenhang auch mit den «kippenden» Pinguinen beschäftigen. Die Forscher konnten die Frage eindeutig beantworten: «Nicht ein einziger Pinguin fiel um, wenn die Hubschrauber über sie hinwegflogen», berichtete

Steckbrief

«Insel der Pinguine»

Name
Falklandinseln

Lage
Im südlichen Atlantik, 650 km von Argentinien entfernt

Größe
12 173 km²

Einwohner
ca. 2500

Hauptstadt
Stanley

Um die Falklandinseln, die zu Großbritannien gehören, gab es 1982 einen Krieg, als Argentinien die Inseln für sich beanspruchte. Der Krieg wurde von Großbritannien gewonnen.

der Chef der Expedition im Februar 2001. Die Tiere hätten eher ängstlich reagiert und watschelnd die Flucht ergriffen.

Und? Gab es jetzt Schlagzeilen in den Zeitungen von der Sorte: «Alles gelogen, Pinguine kippen gar nicht um»? Natürlich nicht!

Elstern sind diebisch

Der Elster sagt man nach, dass sie vor allem glänzende Gegenstände klaut – Ringe, Münzen, selbst Besteck lässt sie hin und wieder mitgehen. Es gibt sogar eine bekannte Oper von Gioacchino Rossini mit dem Titel «Die diebische Elster». Aber in Tierbüchern findet man gar nicht so viel zu der Frage, ob Elstern denn nun wirklich solche Langfinger sind. An der Uni Bochum habe ich dann aber doch einen Wissenschaftler gefunden, der sich speziell mit Elstern beschäftigt und mir etwas dazu sagen konnte. Also: Alle Rabenvögel (zu denen die Elster gehört) sammeln Futter und verstecken es, um für schlechte Zeiten genug zu fressen zu haben. Schon die kleinen Elstern haben viel Spaß am Versteckspielen. Früh fangen sie an, sich für glänzende Gegenstände zu interessieren, auch wenn diese ungenießbar sind. Und genau wie das Futter verstecken sie die funkelnde Beute an allen möglichen Orten.

Das ist auch der Grund, warum die Frage so lange ungeklärt war: Die Elster bringt nämlich das «Diebesgut» nicht einfach nach Hause in ihr Nest, sondern legt viele einzelne Verstecke an. Wahrscheinlich damit ihre Feinde die Schätze nicht so leicht finden können. Der Bochumer Wissenschaftler hat herausgefunden, dass Elstern sich erstaunlich viele dieser Verstecke merken können – fast so gut wie Menschen, Affen und Hunde. Deshalb findet man auch nie eine Art «Schatzkammer» mit vielen Gegenständen, sondern allenfalls hier eine Münze und da einen Ring. Und dann ist es schwer zu sagen, ob der Gegenstand nun von einer Elster versteckt wurde oder ob ihn einfach ein Mensch verloren hat.

Berühmte Leute

Vorhang auf für einen Vogel!

Der Komponist **Gioacchino Rossini** (1792 bis 1868) komponierte in seinem Leben etwa 40 Opern. Darunter auch «Die diebische Elster», die im Jahr 1817 uraufgeführt, das heißt zum ersten Mal auf einer Opernbühne gespielt wurde. In der Geschichte geht es um den Diebstahl eines silbernen Löffels, für den die Heldin zum Tode verurteilt wird. Kurz bevor das Urteil vollstreckt werden soll, wird zum Glück das Versteck der Elster entdeckt, und alles geht gut aus.

Es ist ungesund, die Rotznase «hochzuziehen»

Ich gebe zu, dass ich auch bei meinem eigenen Sohn schon mal protestiere, wenn seine Nase läuft und alle paar Sekunden ein schnorchelndes Schniefgeräusch zu hören ist. «Jetzt putz dir doch mal die Nase!» Das klingt nämlich äußerst unappetitlich, und außerdem denken sicherlich die meisten Erwachsenen, dass der Rotz einfach raus muss aus der Nase.

Aber das Schnäuzen entfernt nicht nur den Nasenschleim, sondern kann auch üble Nebenwirkungen haben. Gerade wenn die Nase zu ist, entsteht beim Schnäuzen ein Überdruck in den so genannten Nebenhöhlen, die bei uns im Kopf hinter der Nase sitzen. Dadurch können die krank machenden Viren noch tiefer in diese Höhlen hineingetrieben werden. Deshalb empfehlen heutzutage sogar richtige Hals-Nasen-Ohren-Spezialisten, die Rotze lieber hochzuziehen, als sie mit aller Gewalt herauszutrompeten, und bezeichnen das Schnäuzen als eine «mitteleuropäische Unsitte». Gegen das vorsichtige Putzen der Nase spricht allerdings nichts, insbesondere wenn sie stark läuft.

Delphine sind die intelligentesten Tiere

Was Intelligenz ist, darüber sind sich die Wissenschaftler schon bei den Menschen nicht einig. Es gibt so genannte Intelligenztests, bei denen muss man vor allem Knobelaufgaben lösen, Zahlenreihen ergänzen und Muster weiterzeichnen. Aber messen solche Tests

wirklich das, was wir meinen, wenn wir jemanden intelligent, schlau oder clever finden? Viele haben da ihre Zweifel.

Bei Tieren ist die Sache natürlich noch viel schwieriger, weil man sie ja keine schriftlichen Tests machen lassen oder ein Quiz mit ihnen spielen kann. Was heißt also intelligent bei den Tieren? Wenn sie Wörter nachplappern können wie ein Papagei? Ihrem Herrchen aufs Wort gehorchen wie ein Hund? Oder Kisten aufeinander stapeln, um an eine Belohnung zu kommen, wie Affen das manchmal können?

Wissenschaftler schauen sich zum Beispiel die Gehirne von Tieren an: Wie groß ist der «Denkapparat»? Wie viele Zellen hat er? Wie kompliziert ist das Hirn? Und da gilt für Delphine: Sie haben zwar ein ziemlich großes Gehirn, aber es ist erheblich einfacher aufgebaut als das von Säugetieren, die an Land leben. Ein großer Teil scheint mit dem Hören beschäftigt zu sein, fürs «Denken» bleibt viel weniger übrig als etwa bei einer Ratte. Und auch was die Lernfähigkeit angeht, sind die Delphine viel weniger schlau, als die Legende sagt. Sie lassen sich zwar sehr schnell Kunststücke und andere Spiele beibringen, aber wenn es darum geht, zum Beispiel Formen wie Dreiecke und Kreise zu unterscheiden, sind sie eher schwer von Begriff und verhalten sich nicht anders als zum Beispiel Tauben. Dass die freundlichen Schwimmer schlauer sind als unsere nächsten Verwandten, die Affen, glaubt heute kein Wissenschaftler ernsthaft mehr.

Man kann in der Wüste ertrinken

In Wüsten wie der Sahara ist es wirklich sehr, sehr trocken und heiß. Es gibt Gegenden, da regnet es nur alle paar Jahrzehnte, also etwa einmal in einem Menschenleben. Die Flussläufe, die so genannten Wadis, sind fast immer ausgetrocknet, und mancher Tourist erkennt vielleicht gar nicht, dass er sich in einem solchen Wadi befindet. Wenn es aber doch einmal regnet, dann auch wirklich heftig. Der ausgetrocknete Boden kann das Wasser dann gar nicht so schnell aufnehmen, wie es vom Himmel stürzt. Und innerhalb von wenigen Minuten braust ein reißender Strom durch das ausgetrocknete Tal, der alles mit sich reißt. Wer da überrascht wird, dem kann es schlecht ergehen. Etwa der schweizerischen Abenteurerin Isabelle Eberhardt, die 1904 in einem solchen Wadi ertrunken ist. Es geht sogar die Legende, dass insgesamt mehr Menschen in der Sahara ertrinken als verdursten.

Zahlen & Rekorde

Heiß, heißer am heißesten

Die 5 größten Wüsten der Erde sind:
1. Sahara mit 8 400 000 km^2
2. Australische Wüste mit 1 550 000 km^2
3. Arabische Wüste mit 1 300 000 km^2,
4. Wüste Gobi mit 1 040 000 km^2,
5. Kalahari mit 520 000 km^2

Jede Schneeflocke ist einzigartig

Eigentlich geht es hier nicht um die mehr oder weniger großen Flocken, die im Winter vom Himmel fallen, sondern um die einzelnen Kristalle, aus denen sie bestehen. Wenn es kalt genug ist und der Schnee nicht gleich wieder schmilzt, kannst du ja einmal eine Schneeflocke von ganz nahem betrachten, am besten mit einer Lupe oder sogar unter einem Mikroskop. Dann siehst du die vielen kleinen Sternchen, die alle sechs Strahlen haben, aber ansonsten sehr unterschiedlich aussehen. Kann es davon zwei ganz genau gleiche geben?

Der amerikanische Fotograf Wilson Bentley hat vor ungefähr 80 Jahren eine große Menge von Schneeflocken fotografiert.

5000 Fotos hat er gemacht, und nach seiner Überzeugung ist jede Schneeflocke so einzigartig, «dass der Forscher höchstwahrscheinlich niemals eine andere exakt gleiche finden wird». Unter seinen Fotos fanden sich tatsächlich keine zwei gleichen.

Andererseits: Die Arbeit und die Mühe des Mannes in allen Ehren – aber die 5000 untersuchten Exemplare sind natürlich ein Klacks gegen die Zahl der Schneeflocken, die seit Anbeginn der Welt leise auf die Erde gerieselt sind. In einer amerikanischen Zeitschrift habe ich eine Schätzung gefunden: eine Sextillion – eine 1 mit 36 Nullen. Das sind unvorstellbar viele, und natürlich kann kein Mensch sie alle vergleichen. In der gleichen Zeitschrift wird gesagt, dass eine Wissenschaftlerin 1986 zwei «sehr ähnliche» Schneeflocken entdeckt habe. «Bei näherem Hinsehen wurden jedoch winzige Variationen in Struktur und Form entdeckt.» Das heißt also: Die zwei gleichen Schneeflocken müssen noch gefunden werden.

Bleistiftminen enthalten Blei

Der schwarze Stoff, aus dem die Bleistiftminen zum größten Teil bestehen, nennt sich Graphit. Früher dachten die Menschen tatsächlich, dass Blei im Stift wäre, aber im Jahr 1789 zeigte ein schwedischer Chemiker: Graphit ist reiner Kohlenstoff.

Kohlenstoff ist eines der wichtigsten chemischen Elemente und steckt beileibe nicht nur in der Kohle. Fast alle Stoffe, aus denen unser Körper besteht, enthalten Kohlenstoff. Rein, also ohne Verbindung mit anderen Elementen, gibt es Kohlenstoff nur in zwei Formen: Graphit ist die eine, Diamant ist die andere. Beim Diamanten sind die Atome in einem räumlichen Gitter angeordnet, das sehr stabil ist – deshalb ist Diamant so hart. Graphit besteht aus vielen Schichten, die wie Maschendrahtzäune aussehen und sich leicht gegeneinander verschieben lassen – deshalb kann man es leicht abreiben.

Die Bleistiftmine enthält aber nicht nur Graphit – dann wäre sie viel zu weich und würde abbröseln. Das Graphit wird mit Ton vermischt und dann in den Ofen geschoben, wobei der Ton hart wird. Je mehr Ton in der Mischung ist, umso härter ist die Bleistiftmine.

Der Mensch braucht täglich eine warme Mahlzeit

Dass wir überhaupt warmes Essen zu uns nehmen, ist eine ziemlich junge Mode, wenn man sich die Entwicklungsgeschichte des Menschen anguckt: Bevor unsere Vorfahren das Feuermachen gelernt haben, konnten sie überhaupt nicht kochen (außer wenn ein Waldbrand ein paar gegrillte Tiere und Pflanzen zurückließ). In der Urzeit war also kalte Küche angesagt. Geschadet hat es den Urmenschen offenbar nicht, sonst gäbe es uns ja gar nicht.

Es ist auch heute noch völlig egal, ob man das Essen kalt oder warm zu sich nimmt. Wichtig ist, dass man dem Körper die richtigen Nährstoffe in der richtigen Mischung zuführt. Bonbons und Schokolade werden nicht gesünder, wenn man sie warm macht! Und bei Gemüse zum Beispiel werden durch Erhitzen sogar Vitamine zerstört. Viele Nahrungsmittel sind also roh gesünder als gekocht.

Dass wir überhaupt Dinge kochen, backen und braten, hat andere Gründe: Viele Lebensmittel können wir im rohen Zustand gar nicht verdauen, etwa das Eiweiß in rohen Kartoffeln. Rohe Bohnen enthalten sogar Stoffe, die für uns giftig sind. Außerdem gibt es das Problem der Haltbarkeit: Während rohes Fleisch zum Beispiel sehr schnell schlecht wird, lässt sich gekochtes länger aufbewahren. Und schließlich schmecken viele Sachen warm einfach besser. Eine schöne heiße Suppe im Winter – die zieht doch fast jeder einem kalten Snack vor, oder?

Man kann einen Menschen
gegen seinen Willen hypnotisieren

Kennst du den Film «Das Dschungelbuch»? Darin kommt die Schlange Kaa vor, die den kleinen Dschungeljungen Mowgli hypnotisiert. Sobald er sie anschaut, werden seine Augen zu Spiralen. Er wird völlig wehrlos, und die Schlange kann ihn im wahrsten Sinne des Wortes einwickeln (siehe Seite 91).

Mit richtigen Hypnosetechniken haben solche Geschichten wenig zu tun. Die Hypnose ist nämlich durchaus eine ernste Sache: Sie wird in der Medizin angewandt und sogar von manchen Zahnärzten eingesetzt, um die Betäubungsspritze zu vermeiden. Der hypnotisierte Patient spürt dann nämlich während der Hypnose überhaupt keine Schmerzen.

Aber in diese so genannte Trance kann man sich ausschließlich selbst versetzen – der Hypnotiseur hilft einem, diesen seltsamen Zustand zwischen Schlafen und Wachsein zu erreichen. Wer nicht will, bei dem klappt es nicht.

Hypnose wird auch in manchen Shows praktiziert – da werden Leute auf die Bühne geholt und machen dann in Trance die komischsten Sachen. Nachher erinnern sie sich an nichts mehr. Die größte Kunst der Show-Hypnotiseure besteht darin, dass sie schnell herausfinden, wer sich besonders leicht hypnotisieren lässt. Die Fähigkeit dazu ist nämlich bei den Menschen durchaus sehr unterschiedlich ausgeprägt.

Es gibt noch viele offene Fragen rund um die Hypnose. Zum Beispiel, ob man eine Person, die hypnotisiert worden ist, zu etwas bringen kann, was sie normalerweise nie tun würde – also etwa sich in der Öffentlichkeit nackt auszuziehen. Die meisten Experten glauben das nicht.

Die Jugend von heute ist schlimmer als die Jugend früher

Habt ihr es auch schon mal erlebt, dass Erwachsene sich aufgeregt haben, wenn ihr zum Beispiel etwas lauter wart? Und dann der unvermeidliche Spruch: «Ja, ja – die Jugend von heute. Wir waren damals ganz anders.» Angeblich haben sie damals nämlich noch «richtige» Musik gehört und nicht diesen ohrenbetäubenden Lärm, sie waren immer höflich zu ihren Lehrern, haben gegessen, was auf den Tisch kam, und den Eltern haben sie stets gehorcht und ihnen im Haushalt geholfen.

Wer's glaubt, wird selig. Offenbar biegen sich viele Erwachsene die Erinnerung an ihre eigene Jugend so zurecht, dass sie nur die positiven Dinge im Gedächtnis behalten. Und das passiert in jeder Generation von neuem. Ein paar Zitate gefällig?

«Die Jugend liebt heute den Luxus, sie hat schlechte Manieren, verachtet die Autorität, hat keinen Respekt vor älteren Leuten und plaudert, wo sie arbeiten sollte. Sie verschlingt bei Tisch die Speise, legt die Beine übereinander und tyrannisiert ihre Eltern.»

Das Zitat ist 2400 Jahre alt und stammt von dem griechischen Philosophen Sokrates. Noch 300 Jahre älter ist die Klage des Dichters Hesiod:

«Ich habe keine Hoffnung mehr für die Zukunft unseres Volkes, wenn diese Zukunft von der leichtfertigen heutigen Jugend abhängt. Denn diese Jugend ist von einer unerträglichen Unverschämtheit und

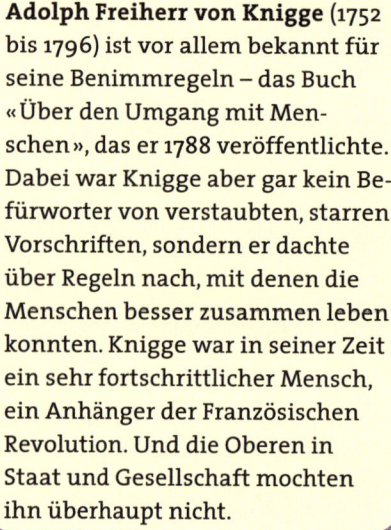

Berühmte Leute

Das 1×1 des guten Tons

Adolph Freiherr von Knigge (1752 bis 1796) ist vor allem bekannt für seine Benimmregeln – das Buch «Über den Umgang mit Menschen», das er 1788 veröffentlichte. Dabei war Knigge aber gar kein Befürworter von verstaubten, starren Vorschriften, sondern er dachte über Regeln nach, mit denen die Menschen besser zusammen leben konnten. Knigge war in seiner Zeit ein sehr fortschrittlicher Mensch, ein Anhänger der Französischen Revolution. Und die Oberen in Staat und Gesellschaft mochten ihn überhaupt nicht.

will alles besser wissen. Als ich jung war, brachte man uns gute Ma-
nieren und Respekt vor den Eltern bei. Aber die Jugend von heute
will immer Recht haben und ist voll Widerrede.»

Und ganz ähnlich klingt, was der Dichter Erich Fromm 1964 sagte:

«Die deutsche Jugend ist völlig bindungslos, amoralisch (das ist dasselbe wie unmoralisch) *und ohne Glauben. Wir werden einst von*
ihr hören, und es werden keine guten Nachrichten sein.»

Aber wenn wirklich in den letzten 2000 Jahren jede Generation
schlimmer gewesen wäre als ihre Eltern, dann würden ja heute nur
noch Rüpel und Verbrecher die Erde bevölkern. Es ist wohl eher
so, dass es in jeder Generation gute und schlechte Menschen gibt.
Und dass viele Erwachsene ein Problem mit dem Gedächtnis
haben.

Ein Fußball wird auf nassem Rasen beim Aufsetzen schneller

Ein fliegender Fußball hat einen so genannten «Impuls». Das ist eine physikalische Größe, die man erhält, wenn man die Masse mit der Geschwindigkeit malnimmt. Um schneller zu werden, müsste der Fußball irgendwoher einen größeren Impuls bekommen. Aber woher?

Eine Möglichkeit: Man kann den Drehimpuls eines Balles umwandeln, sodass er schneller wird. Vielleicht kennst du das vom Tischtennis: Ein Ball, der einen Drall nach vorne hat, springt flach und schnell von der Platte ab. Mit der Drehung «drückt» er sich also noch einmal kräftig ab. Nur, wieso sollte das beim Fußball auf nassem Rasen besser gehen als bei trockenem?

Nein, der Ball wird nicht schneller. Was den Torwart aber aus der Fassung bringen kann, ist die Unberechenbarkeit des Balles bei nassem Boden: Je nachdem, wie tief das Wasser ist, springt er flacher oder höher weg. Da langt dann der Keeper schon mal daneben. Und im Extremfall bleibt der Ball wie ein nasser Sack in einer Pfütze liegen.

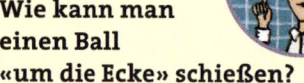

Nachgefragt

Wie kann man einen Ball «um die Ecke» schießen?

Sehr gute Fußballspieler schaffen es, einen Ball von der Eckfahne aus direkt ins Tor zu schießen – also auf einer gebogenen Bahn. Berüchtigt sind auch die so genannten «Bananenflanken», bei denen der Ball ebenfalls einen Bogen beschreibt. Dass das geht, dafür sorgt der so genannte *Magnus-Effekt*. Der wirkt immer dann, wenn eine Luftströmung auf einen rotierenden Körper trifft. Er sorgt für eine Ablenkung von der geraden Bahn in Richtung der Drehung. Er wirkt zum Beispiel auch auf einen Tischtennisball, der mit «Topspin» geschlagen wird.

Bei den antiken Olympischen Spielen waren die Sportler nackt

Die ersten Olympischen Spiele, die schriftlich erwähnt sind, fanden im Jahr 776 v. Chr. statt. Zunächst gab es nur eine einzige Disziplin, nämlich den Stadionlauf über eine Runde von 192 Metern. Nach und nach kamen immer mehr Sportarten wie Ringen, Boxen, Pferderennen und der Fünfkampf dazu. Schon damals fanden die Spiele alle vier Jahre statt, allerdings immer am selben Ort, nämlich in Olympia (daher der Name). Während des Sportfests herrschte übrigens in ganz Griechenland Frieden – erst nach der letzten Siegerehrung gingen die verschiedenen Kriege weiter.

In den ersten Jahren trugen die Sportler noch einen knappen Lendenschurz. Bei den 15. Spielen im Jahr 720 v. Chr. verlor der Läufer Orsippos seinen Schurz – und gewann das Rennen. Offenbar dachte man, dass der Sieg auf seine Nacktheit zurückzuführen sei. Jedenfalls liefen von da an alle nackt (außer beim so genannten Waffenlauf – da mussten die Läufer in voller Rüstung und bis an die Zähne bewaffnet antreten). Damals gab es aber auch noch keine Frauen unter den Sportlern. Verheiratete Frauen durften nicht einmal zuschauen. Falls sie doch erwischt wurden, drohte ihnen die Todesstrafe. Einmal mischte sich die Mutter eines Sportlers, als Trainer verkleidet, unter das Publikum. Als ihr Sohn gewann, soll sie so wild gejubelt haben, dass ihr Kleid zerriss und die Tarnung aufflog. Sie wurde zwar begnadigt, aber seit diesem Vorfall mussten auch die Trainer und Kampfrichter splitternackt antreten. Übrigens kommt das Wort «Gymnasium» vom griechischen Wort «gymnos», und das bedeutet «nackt».

Wer die Olympischen Spiele als «Olympiade» bezeichnet, der drückt sich eigentlich nicht korrekt aus: Mit diesem Wort bezeichneten die Griechen den Zeitraum von vier Jahren zwischen den Spielen, nicht die Spiele selbst.

Tausendfüßler haben tausend Füße

Also erst mal heißen die Krabbler wissenschaftlich korrekt Tausendfüßer, ohne «l». Die Biologen fassen in dieser Tierklasse eine ganze Menge der so genannten Tracheentiere zusammen, zu denen sogar welche gehören, die nur acht Beine haben. Tausendfüßer bestehen aus vielen gleichartigen, ringförmigen Gliedern, ähnlich wie ein Regenwurm, nur dass aus jedem dieser Glieder zwei oder vier Beine herauswachsen. Natürlich haben sich die Forscher auch bei den Arten mit vielen Beinen die Mühe gemacht und nachgezählt – aber dabei sind sie nie auf mehr als 680 Beine gekommen. Also: Der Name ist eine große Übertreibung.

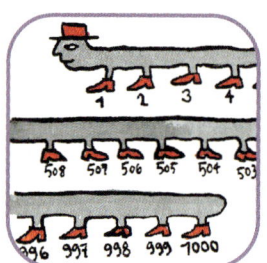

Eine Unterklasse der Tausendfüßer sind übrigens die Hundertfüßer. Stimmt denn da wenigstens die Bezeichnung? Tatsächlich hat man bei Hundertfüßern bis zu 130 Beinchen gezählt, aber meistens verspricht auch hier der Name mehr, als er hält: Der Steinläufer zum Beispiel hat nur 36 Beine.

In einer Muschel kann man
das Meer rauschen hören

Vielleicht hat man dir das am Meer auch schon mal erzählt: Bei
Muscheln, die du am Strand findest, ist das «Meeresrauschen» ge-
speichert. Indem du die Muschel mitnimmst, kannst du dir auch
das Wellengetöse als Erinnerung an den Urlaub mitnehmen, selbst
wenn du längst wieder zu Hause bist. Eine schöne Vorstellung,
doch so richtig geglaubt hast du es dann später wahrscheinlich
nicht. Aber es rauscht ja tatsächlich, wenn man die Muschel ans
Ohr hält. Wieso eigentlich? Eine beliebte wissenschaftlich klingen-
de Erklärung ist, dass man in der Muschel das Rauschen des eigenen Blutes hören kann, das durch die Adern im Kopf fließt. Auch
diese Erklärung klingt zwar schön, ist aber falsch.

Auf die Antwort zu dieser Frage bin ich durch die Internetsei-
ten von zwei Schulklassen gestoßen. Die haben nämlich im Sach-
kundeunterricht versucht, dem Problem auf den Grund zu gehen,
und sind zum Beispiel zu Meereskundlern gegangen.

Das Ergebnis: Erst mal heißen die Muscheln, in denen es
rauscht, streng wissenschaftlich Schnecken – Muscheln sind nur
die aufklappbaren Schalentiere, die aus zwei Hälften bestehen,
und da rauscht gar nichts. Aber nennen wir sie ruhig weiter Muscheln. Das Rauschen entsteht durch die so genannte *Resonanz*:
Die Schnecke hat eine Eigenfrequenz wie ein Musikinstrument,
das heißt, eine bestimmte Tonhöhe, bei der die Luft in ihr am besten schwingt. Vielleicht hast du schon mal in der Badewanne ge-
legen und Töne gesungen, und bei einem bestimmten tiefen Ton
hat es richtig gedröhnt – genau das ist Resonanz! Die Muschel
fängt nun Geräusche aus der Umgebung ein und verstärkt die, die
nahe bei dieser Eigenfrequenz liegen. Das ergibt das Rauschen, das
bei jeder Muschel ein bisschen anders ist. Die Resonanz kann man
übrigens auch mit einem Mikrophon aufnehmen – und in dem
zirkuliert ja bekanntlich kein Blut.

Kinder brauchen mehr Schlaf als Erwachsene

Mit dem Schlaf ist es eine komische Sache: Abends will man nicht ins Bett, und morgens kommt man nicht aus den Federn. Sicher ist nur, dass wir alle schlafen müssen, auch wenn wir keine Lust dazu haben. Es gibt ein richtiges Forschungsgebiet, bei dem Wissenschaftler untersuchen, was so mit uns passiert, wenn wir im Reich der Träume sind. Die Wissenschaftler haben schon eine Menge herausgefunden – allerdings können sie bis heute nicht erklären, wieso der Mensch schläft.

Wenn du eine kleinere Schwester oder einen kleinen Bruder hast, dann hast du sicherlich schon festgestellt, dass Babys sehr viel schlafen – ungefähr 16 Stunden am Tag. Diese Schlafmenge wird immer weniger, je älter man wird. Schulkinder brauchen tatsächlich immer noch mehr Schlaf als Erwachsene – etwa zehn Stunden. Du kannst es dir also selber ausrechnen: Wenn du morgens um sieben aus dem Bett musst, dann solltest du um neun Uhr abends schlafen. Erwachsene dagegen brauchen nur noch etwa acht Stunden Schlaf. Es ist also wirklich normal, dass deine Eltern länger aufbleiben als du, und nicht nur Schikane, weil sie den spannenden Film alleine sehen wollen.

Solche «Schlafzeiten» sind aber nur Durchschnittswerte. Es gibt immer Menschen, die mehr oder weniger Schlaf brauchen als andere. Wie viel es bei dir ist, kannst du gut in den Ferien feststellen, wenn du morgens nicht zu einer bestimmten Zeit aus dem Bett musst – dann nimmt sich dein Körper so viel Schlaf, wie er braucht.

Zahlen & Rekorde

Wer ist die größte «Schnarchnase»?

Die 5 verschlafensten Tiere sind:
1. der Koalabär (braucht 22 Stunden Schlaf pro Tag)
2. das Faultier (braucht 20 Stunden Schlaf pro Tag)
3. das Gürteltier (braucht 19 Stunden Schlaf pro Tag)
4. das Opossum (braucht ebenso viel wie das Gürteltier)
5. der Lemur (braucht 16 Stunden Schlaf pro Tag).

Und was ist mit der Regel, dass der Schlaf vor Mitternacht der wichtigste ist? Wir schlafen in den ersten beiden Stunden am tiefsten. Wenn du also um acht ins Bett gehst, dann ist der Schlaf vor Mitternacht tatsächlich der wichtigste und gesündeste. Und wenn du einmal ganz lange aufbleibst und erst um Mitternacht schlafen gehst, dann bringst du deinen gewohnten Rhythmus durcheinander, und dein Körper reagiert verstört. So kann man am nächsten Morgen tatsächlich das Gefühl haben, genau der Schlaf vor Mitternacht hätte einem gefehlt. Leute mit anderen Lebensgewohnheiten – zum Beispiel Schichtarbeiter oder Kneipenwirte – haben aber ihren Körper auf ganz andere Schlafzeiten eingestellt. Deshalb liegt auch die Phase des Tiefschlafs bei ihnen früher oder später. Unsere «innere Uhr» schert sich herzlich wenig darum, wie spät es tatsächlich ist.

Faultiere sind faul

Das Faultier verbringt fast sein ganzes Leben mit dem Rücken nach unten hängend. Es lebt in den Regenwäldern Mittel- und Südamerikas und hält sich dort mit seinen langen Klauen an den Ästen fest. Manchmal hangelt es sich, gaaaanz langsam, zu einem anderen Ast, weil es nach neuen Blättern sucht, die ihm in den  Mund wachsen. Nur sehr selten klettert es runter auf den Boden, zum Beispiel um den Baum zu wechseln. Zwanzig Stunden pro Tag schläft das Faultier, und selbst wenn es stirbt, bleibt es unverändert in seiner Position hängen. Weil es sich kaum bewegt, siedeln sich oft Algen in seinem Fell an. Dadurch schimmert es grünlich, was das Faultier aber überhaupt nicht stört, denn so ist es für Feinde zwischen den Blättern schlechter zu erkennen.

Wenn ihr euch so ein Leben vorstellt – Faulenzen ist zwar sehr schön, aber auf die Dauer vielleicht ein bisschen langweilig, oder?

«Vor Eichen sollst du weichen, Buchen sollst du suchen!»

An diese Regel soll man sich bei Gewitter halten, sagt jedenfalls der Volksmund. Auch zu anderen Bäumen gibt es entsprechende Sprüche: «Die Fichten wähl' mitnichten» und «Die Weiden musst du meiden». Richtig sind alle Regeln, die von Bäumen als Schutz vor Gewitter abraten. Wer dagegen bei Blitz und Donner Schutz unter einer Buche sucht, der ist schlecht beraten.

Das sagt jedenfalls die *Schutzgemeinschaft Deutscher Wald*: Baum ist Baum bei Gewitter, es wird nicht die eine Art öfter vom Blitz getroffen als die andere. Der Spruch kommt vielleicht daher, dass man es den Bäumen nachher unterschiedlich stark ansieht. Eichen haben eine dicke, zerklüftete Borke, die das Wasser wie ein Schwamm aufsaugt. Der Blitz fährt durch diese Rinde und hinterlässt Brandspuren. Die glatte Buchenrinde dagegen bleibt außen nass. Das Wasser leitet den Blitz direkt in den Boden, ohne dass sichtbare Schäden entstehen. Das ist aber für den, der unter dem Baum steht, egal. Er kriegt den Stromschlag sowieso dadurch ab, dass der Blitz über den Baum in den Boden fährt und dann in den Menschen.

Und was soll man nun tun, wenn man draußen von einem Gewitter überrascht wird? Sich von allen Bäumen fern halten, weil der Blitz sich immer die höchsten Punkte sucht, um einzuschlagen – außer Bäumen sind das zum Beispiel Kirchtürme oder Funkmasten. Auf freiem Feld sollte man sich deshalb eine möglichst tiefe Stelle suchen, am besten eine Erdmulde, sich hinhocken und die Füße dicht zusammenstellen.

Der Mond am Horizont ist größer als der Mond, der hoch am Himmel steht

Sicher hast du auch schon einmal einen schönen Mondaufgang oder -untergang erlebt, bei dem dir die Mondscheibe über dem Horizont riesig groß vorkam – viel größer, als wenn der Mond hoch am Himmel steht. Wieso ist das so?

Erster Teil der Frage: Ist die Mondscheibe denn überhaupt wirklich größer? Das kann man ganz leicht herausfinden: Man fotografiert den Mond mit derselben Kamera und derselben Einstellung einmal am Horizont und einmal hoch am Himmel. Dann misst man auf den beiden Fotos, wie groß der Mond ist. Das Ergebnis: Die Scheibchen sind absolut gleich groß! Das Ganze hat also nichts damit zu tun, dass die Lufthülle der Erde das Bild irgendwie vergrößern würde, wie manche Leute behaupten. Man kann das auch ganz direkt sehen, wenn man den Mond durch ein Papprohr anschaut – dann wirkt er auch am Horizont plötzlich ganz normal.

Es muss also irgendwas geben, das uns denken lässt, der Horizontmond wäre größer. Manchmal liest man als Erklärung, dass wir den tief stehenden Mond mit Häusern, Bäumen und anderen Merkmalen in der Landschaft vergleichen würden, und deshalb käme er uns so groß vor. Dagegen spricht aber, dass die optische Täuschung auch über dem Meer funktioniert, wo es überhaupt keine markanten Dinge zum Vergleich gibt.

Irgendetwas täuscht also unser Gehirn über die Größe des Mondes, und die Forscher tappen über die Gründe noch weitgehend im Dunkeln. Im vergangenen Jahr erschien wieder einmal eine wissenschaftliche Arbeit, die versuchte, das Phänomen folgendermaßen zu erklären: Wenn der Mond am Horizont steht, denkt das Gehirn, dieser sei weiter weg, als er tatsächlich ist. Und so wie ein Fußball in einem Abstand von einem Meter genauso groß erscheint wie ein Fünfmarkstück, das nur zehn Zentimeter weg ist, schließen wir daraus messerscharf, dass der Mond noch viel größer ist. Alles klar? Wenn nicht, macht es auch nichts – auch viele Experten haben diese Theorie bezweifelt.

Christoph Kolumbus
hat Amerika entdeckt

Für viele gilt immer noch, dass Christoph Kolumbus 1492 der erste Europäer war, der den amerikanischen Kontinent betrat. Er wollte ja damals einen Seeweg nach Indien finden, indem er Richtung Westen segelte. Und er glaubte bis an sein Lebensende, dass er tatsächlich in Indien gelandet war. Daher haben auch die Indianer ihren Namen.

Tatsächlich waren aber schon 500 Jahre früher Europäer in Amerika. Und zwar die Wikinger. Sie segelten nicht wie Kolumbus quer über den Atlantik, sondern hüpften sozusagen von Insel zu Insel – von Norwegen erst nach Island, dann nach Grönland und schließlich an die Küste des heutigen Kanada. Nach der Überlieferung war es Leif Erikson, der Sohn von Erik dem Roten, der um das Jahr 1000 herum einmal mit seinem Boot vom Kurs abkam und in Amerika statt in Grönland landete. Er nannte die Gegend Vinland und machte später noch mehrere Expeditionen entlang der amerikanischen Westküste.

Nachgefragt

Wieso heißt Amerika «Amerika»?

Der Kontinent ist benannt dach dem italienischen Seefahrer **Amerigo Vespucci** (1454 bis 1512), der kurz nach der «Entdeckung» durch Kolumbus mehrere Fahrten zu den neu entdeckten Ländern machte. Vespucci vermutete als Erster, dass es sich dabei nicht um Indien handelte, sondern um einen neuen, bis dahin unbekannten Kontinent. Im Jahr 1507 hat man dann dem Erdteil den Namen gegeben, der an Vespucci erinnern sollte.
Den Vornamen Amerigo gibt es übrigens auch in einer deutschen Variante: Emmerich.

Soweit die Frage nach den ersten Europäern in Amerika. Aber die kamen ja nicht in ein menschenleeres Land, sondern «entdeckten» einen Kontinent, auf dem schon viele indianische Völker lebten. Und zwar schon seit langer Zeit. Die Indianer kamen nämlich nach der letzten Eiszeit vom heutigen Sibirien herüber nach Amerika – damals gab es dort noch eine Landverbindung. Das war vor etwa 13 000 Jahren.

Waren die Indianer also die Ureinwohner des amerikanischen

Kontinents, die dann von den einfallenden Europäern unterdrückt und fast ausgerottet wurden? Bis vor wenigen Jahren war das die Überzeugung der Wissenschaftler. Dann aber wurden in Amerika Jahrtausende alte Knochen von Menschen gefunden, die offenbar mit den Indianern nicht verwandt waren. Und so könnte es sein, dass auch die Indianer nicht in ein unbesiedeltes Land kamen, sondern eine noch ältere Bevölkerung vorfanden und ausrotteten. Aber das muss wissenschaftlich noch besser untersucht werden.

Stiere «sehen rot»

«Ein Mann sieht rot» hieß einmal ein ziemlich brutaler Kinofilm. Oder man sagt auch: «Das ist ein rotes Tuch für ihn», wenn jemand sich über eine Sache besonders aufregt. Die Redewendungen kommen daher, dass bei Stierkämpfen in Spanien oder Portugal der Torero ein rotes Tuch schwenkt, um den Stier wild zu machen. Daher kommt wahrscheinlich die Vorstellung, dass Stiere auf alles Rote losgehen. Daher kommt auch die Warnung, sich im roten Pullover nicht einer Weide zu nähern, auf der ein Stier friedlich grast.

Tatsächlich ist es aber vollkommen egal, ob der Torero ein rotes, blaues oder grünes Tuch vor der Nase eines Bullen schwenkt. Denn der kann die Farben kaum unterscheiden. Wie die meisten Säugetiere sehen auch Rindviecher die Welt wie in einem Schwarzweißfilm. Die rote Farbe der Tücher ist einzig und allein als Signal für die Zuschauer da.

Bei den Säugetieren stellt sich die Welt nur für die Primaten (dazu gehören die Affen und wir Menschen) kunterbunt dar. Für uns sind rote Tücher, rot geschminkte Lippen oder rote Werbeplakate deutliche Signale, die unsere Aufmerksamkeit erregen. Vielleicht kommt es daher, dass wir Rot mit Blut verbinden – dass es also ein Zeichen für Gefahr ist. Für den Stier dagegen wäre auch ein blaues Tuch ein «rotes Tuch», wenn der Torero nur wild genug damit herumfuchteln würde.

Experimente

Farben sehen ohne Farben

Male auf eine weiße, kreisförmige Pappscheibe das Muster, das du hier siehst. Durchbohre die Scheibe mit einer Bleistiftspitze, sodass du einen Kreisel erhältst und die Seite mit dem Muster nach oben zeigt. Wenn du den Kreisel nun in Drehung versetzt, wirst du dich wundern: Du siehst farbige Kreise, obwohl das Muster doch schwarzweiß ist! Dies ist der so genannte *Benham-Effekt*.

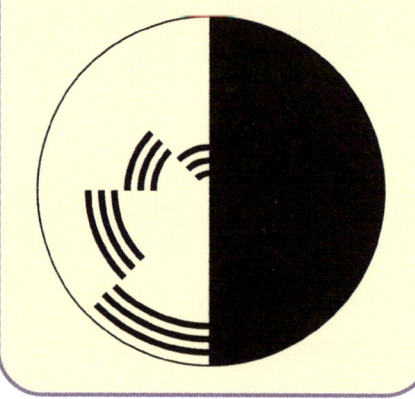

Das heißt aber nun nicht, dass die Menschen
das beste Sehvermögen im Tierreich hätten. Wir
haben drei Sorten von so genannten Farbrezepto-
ren auf unserer Netzhaut – für Rot, Grün und Blau.
Daraus setzen wir alle Farben zusammen. Andere
Tiere haben mehr Sorten von Rezeptoren. Manche
Krabben zum Beispiel haben sechs. Die fänden
wahrscheinlich unser Fernsehen nicht sehr bunt.
Und Vögel sehen die Welt nicht nur bunter als wir, sondern auch
achtmal so scharf. Deshalb kann ein Adler aus großer Höhe ein
Mäuschen am Erdboden erspähen.

Cola und Salzstangen sind gut gegen Durchfall

Also, das gleich vorweg: Cola und Salzstangen sind keine Medizin. Gegen Durchfall gibt es eine ganze Menge anerkannter Mittel aus der Apotheke. Aber es ist tatsächlich so, dass Cola und Salzstangen zumindest die Beschwerden lindern können, wenn dein Magen und dein Darm mal wieder so richtig durcheinander sind. Und weil man bei Übelkeit und Dünnpfiff oft überhaupt nichts zu sich nehmen will, freuen sich die Eltern, wenn sie euch mit diesen Leckereien ein paar wichtige Substanzen zuführen können.

Bei Durchfall verliert der Körper nämlich erstens viel Wasser und zweitens mit dem Wasser wichtige Salze. Außerdem werden wir schlapp und brauchen dringend einen Nachschub an Energie. Wasser ist in jedem Getränk enthalten, die Salzstangen enthalten – na was wohl? Natürlich Salz. Der Zucker, der in Cola reichlich enthalten ist, versorgt den Körper schnell mit Energie, ohne die Verdauung nochmal extra zu belasten. Und wenn Zucker und Salz gleichzeitig im Darm sind, kann das Wasser besser aufgenommen werden – es rauscht nicht einfach durch.

Dieselbe Wirkung könnte man natürlich auch auf andere Weise erzielen, etwa mit Zwieback und gesüßtem Tee. Oder ganz einfach, indem man in einem Liter Wasser acht Teelöffel Zucker und einen halben Teelöffel Salz auflöst – dieses Rezept wird oft in Entwicklungsländern angewandt, wo Durchfallerkrankungen sehr weit verbreitet sind. Aber es schmeckt natürlich längst nicht so gut.

Zwei Tipps noch: Mit Cola light funktioniert die Sache nicht so gut, weil die ja keinen richtigen Zucker enthält, sondern nur Süßstoff. Und die Kohlensäure in der Cola ist überhaupt nicht gut für den kranken Bauch. Deshalb sollte man sie vorher durch kräftiges Umrühren entfernen.

Pupse sind brennbar

An dieser Stelle die eindrückliche Warnung: Vorsicht! Ich weiß, dass es sehr verlockend ist, das einmal auszuprobieren, aber man kann sich höllisch dabei verbrennen. Sagt nicht, ich hätte euch nicht gewarnt!

Woraus bestehen Pupse eigentlich? Zum größten Teil aus ganz gewöhnlichen Gasen: Stickstoff, Kohlendioxid, Methan und Wasserstoff. Und die beiden letzten Bestandteile brennen sehr gut. Sie sind zum Beispiel auch im Erdgas enthalten, das wir zum Heizen benutzen. Wie viel von welchem Gas jetzt in deinem Pups enthalten ist, hängt von verschiedenen Umständen ab: zum Beispiel was du isst und was für Bakterien in deinem Darm wohnen. Aber brennbar ist das Gemisch fast immer.

Alle oben genannten Gase sind übrigens geruchlos. Die peinlichen Duftmarken entstehen durch winzige Mengen anderer Substanzen, die meistens Schwefel enthalten und von unseren kleinsten Mitbewohnern, den Bakterien, produziert werden. Kleine Ursache, große Wirkung.

Ich habe ja eingangs schon gesagt, dass ihr möglichst keine Selbstversuche machen sollt. Ein kleiner Tipp für die, die sich gar nicht davon abbringen lassen wollen: In die Badewanne setzen, blubbern lassen und ein Streichholz dran halten …

Chinesen sind gelb

Wenn du schon einmal Menschen aus China, Japan oder Korea gesehen hast, dann müsstest du eigentlich wissen: Sie sind nicht gelb. China ist ein sehr großes Land, dort leben über eine Milliarde Menschen, und sie haben die verschiedensten Hautfarbtöne zwischen Weiß und Braun. Aber leuchtend gelb sind sie nicht. Die meisten haben einen Hautton, der unserem mitteleuropäischen sehr ähnlich ist.

Wo kommt dann die Rede von den «gelben Chinesen» her? Sie ist etwa 250 Jahre alt. Damals, im 18. Jahrhundert, begannen die Biologen, das Tier- und Pflanzenreich in Arten und Rassen aufzuteilen. Einer der bekanntesten dieser Forscher war der Schwede

Carl von Linné. Und der meinte, dass es auch bei den Menschen Rassen gäbe, so wie es bei den Hunden Dackel, Pudel und Schäferhunde gibt. Daraufhin ordnete er den Menschen Eigenschaften zu, die sie unterscheiden sollten, wo eigentlich keine waren – zum Beispiel beim der Hautfarbe. In Wirklichkeit sind die Chinesen nämlich genauso wenig gelb, wie die Indianer rot sind.

In den folgenden Jahrhundert hat es dann sehr viele Theorien über Menschenrassen gegeben. Die meisten dienten denen, die sie aufgestellt hatten, dazu zu begründen, warum ihre eigene Rasse den anderen überlegen wäre. Heute gehen die Biologen davon aus, dass die tatsächlichen Unterschiede zwischen den verschiedenen Völkern der Erde doch eher erstaunlich gering sind.

Schokolade macht süchtig

Es gibt viele Leute, die wahnsinnig gerne Schokolade essen. Ihr gehört vielleicht auch dazu? Viele lieben den Geschmack so sehr, dass sie gar nicht mehr aufhören können – wenn sie die Tafel einmal aufgemacht haben, dann futtern sie so lange, bis der letzte Krümel weg ist. Und haben dann vielleicht ein schlechtes Gewissen, weil Schokolade ja dick macht, schlecht für die Zähne ist und so weiter. Aber ist das schon Sucht? Oder anders gefragt: Gibt es in Schokolade Inhaltsstoffe, die den Körper abhängig machen, sodass er immer mehr davon haben will? Also Substanzen wie Alkohol oder Nikotin, die ja regelrechte Gifte sind?

Es sind schon viele Untersuchungen gemacht worden, und man hat tatsächlich alle möglichen verdächtigen Substanzen in der Schokolade entdeckt. Letztlich waren die Mengen aber immer sehr winzig. Die ernsthaften Forscher gehen nicht davon aus, dass diese Mengen überhaupt eine Wirkung im Körper entfalten. Ihre Erklärung ist viel einfacher: Schokolade ist eine Kalorienbombe, die viel Zucker und Fett enthält, und das hat der Körper einfach gerne. Wir mögen also Schokolade, weil sie den Hunger auf besonders angenehme Art stillt.

Das bestätigen auch Experimente, die man mit freiwilligen Testpersonen gemacht hat. Die einen bekamen Schokolade immer, wenn sie hungrig waren. Nachher gaben sie an, besonders «süchtig» nach Schokolade zu sein. Den anderen wurde die Süßigkeit dagegen immer nach dem Essen angeboten, wenn sie satt waren. Und die sagten nach dem Ende der Versuche immer «Nein, danke!», wenn man ihnen Schokolade anbot.

Fastfood ist schlechter als anderes Essen

Fastfood kommt aus dem Englischen und heißt «schnelles Essen». Dazu gehört eigentlich alles das, was man so auf die Schnelle unterwegs essen kann: Bratwürstchen, Pommes, die Pizza auf die Hand. Vor allem aber benutzt man den Ausdruck für das, was es in den aus Amerika stammenden Hamburger-Restaurants gibt.

Erst mal ist es Geschmacksache, ob einem das Essen dort gefällt oder nicht. Die meisten Kinder essen gerne dort, viele Erwachsene nicht. Die regen sich dann gerne über den «Einheitsfraß» auf oder darüber, dass die Verpackungen viel Müll erzeugen.

Aber uns geht es ja um die Qualität des Essens. Da kommt es natürlich darauf an, was man isst. Nehmen wir einmal das, was in den «Kindertüten» drin ist: also ein Hamburger oder Cheeseburger und Pommes. Diese Mahlzeit enthält erst einmal alle wichtigen Grundstoffe, die der Körper braucht: Eiweiß im Fleisch, Kohlenhydrate in den Kartoffeln und im Brötchen. Vitamine dagegen sind nicht sehr viele im Fastfood, auch wenn mal ein Tomatenscheibchen im Hamburger ist. Insgesamt ist ein bisschen zu viel Fett in allen Bestandteilen der Mahlzeit drin.

Das heißt: Wer sich ausschließlich von Fastfood ernährt, dem fehlen wichtige Vitamine, und er läuft Gefahr, zu dick zu werden. Aber davon war ja auch nicht die Rede. Selbst die Hamburgerketten geben Ernährungsbroschüren heraus, in denen sie empfehlen,

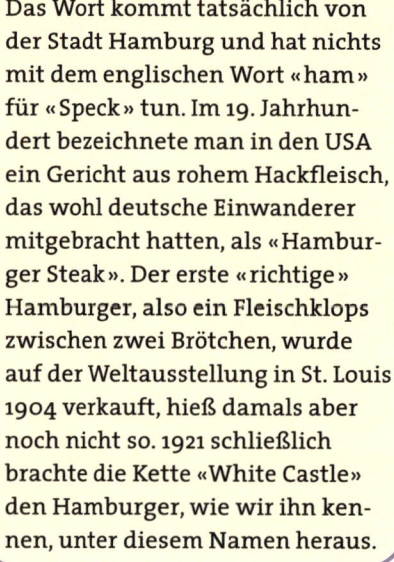

Nachgefragt

Woher kommt der Name «Hamburger»?

Das Wort kommt tatsächlich von der Stadt Hamburg und hat nichts mit dem englischen Wort «ham» für «Speck» tun. Im 19. Jahrhundert bezeichnete man in den USA ein Gericht aus rohem Hackfleisch, das wohl deutsche Einwanderer mitgebracht hatten, als «Hamburger Steak». Der erste «richtige» Hamburger, also ein Fleischklops zwischen zwei Brötchen, wurde auf der Weltausstellung in St. Louis 1904 verkauft, hieß damals aber noch nicht so. 1921 schließlich brachte die Kette «White Castle» den Hamburger, wie wir ihn kennen, unter diesem Namen heraus.

zusätzlich zu ihren tollen Menüs viel frisches Obst und andere gesunde Dinge zu essen. Es kommt also darauf an, sich insgesamt ausgewogen zu ernähren – dann ist es auch nicht schlimm, wenn es mal zu Mittag Hamburger mit Pommes gibt. Schlechter als Spaghetti mit Tomatensauce ist das auch nicht.

Man soll Aufgetautes nicht wieder einfrieren

Das ist ein typisches Beispiel dafür, dass ein gut gemeinter Ratschlag, wenn er allzu wörtlich genommen wird, zu falschem Verhalten führen kann. Zum Beispiel: Man taut ein großes Stück Fleisch auf und sieht, dass etwas übrig bleibt. Was macht man mit dem Rest? «Bloß nicht wieder einfrieren!», denkt dann manche Hausfrau und lässt das Fleisch lieber zwei Tage im Kühlschrank liegen anstatt im Eisfach. Und das ist wirklich gefährlich – denn rohes Fleisch wird bei normaler Kühlschranktemperatur sehr schnell schlecht.

Was passiert beim Einfrieren? Im Prinzip werden die Lebensmittel so erhalten, wie sie zum Zeitpunkt des Einfrierens waren. Frisches bleibt frisch, es entstehen keine schädlichen Stoffe. Anders als beim Kochen werden beim Einfrieren die Bakterien in der Nahrung nicht getötet – sie fallen bei minus 18 Grad nur in Kältestarre und können nach dem Auftauen fleißig weiterarbeiten. Das ist der Hauptgrund, warum die Hersteller von Tiefkühlkost warnende Hinweise auf den Packungen anbringen, dass man das Essen bloß nicht wieder einfrieren soll. Außerdem sieht es nach ein paar Mal Einfrieren und Auftauen nicht mehr sehr appetitlich aus.

Wenn das Essen aber noch nicht lange aufgetaut herumgestanden hat, spricht nichts gegen den zweiten Kälteschock. Man sollte sich immer überlegen: «Würde ich das jetzt noch essen?» Dann kann es auch noch ein zweites Mal ins Gefrierfach.

Affen klauben sich gegenseitig das Ungeziefer aus dem Fell, wenn sie sich «lausen»

Wenn Affen sich gegenseitig lausen, dann hat das unterschiedliche Gründe. Einerseits reinigen sie sich gegenseitig – sie picken einander alle möglichen Dinge aus dem Fell, zum Beispiel Blätter, kleine Äste, aber auch lose Hautschuppen. Und wenn die eine oder andere Laus dabei ist, dann auch die. Normalerweise haben Affen aber gar nicht unbedingt Ungeziefer im Fell. Lausen tun sie sich aber trotzdem.

Das zärtliche Fellkraulen hat nämlich noch eine ganz andere Funktion. Es ist etwas Ähnliches, wie wenn Menschen Händchen halten oder den Arm umeinander legen. Das Lausen drückt aus, dass der eine Affe den anderen mag oder ihn zumindest nicht als Feind betrachtet. Es heißt so viel wie: «Ich kämme dir das Fell, also tue ich dir nichts!» So schaffen es die Affenhorden, den Frieden in der Gruppe zu erhalten. Lausen ist also hauptsächlich eine kuschelige Angelegenheit.

Berühmte Leute

Eine wahre Affenliebe

Jane Goodall ist wahrscheinlich die berühmteste Affenforscherin der Welt. Die 1934 geborene Biologin war eine der Ersten, die Tiere nicht nur von weitem studierte, sondern auch mit ihnen lebte. 1960 begann sie ihre Forschungen mit Schimpansen in Tansania. Eines ihrer wichtigsten Ergebnisse: Sie konnte nachweisen, dass Schimpansen Werkzeuge benutzen – bis dahin hatte man gedacht, dass nur Menschen das könnten. Heute leitet Jane Goodall ein Forschungsinstitut in den **USA** und reist um die Welt, um den Menschen von ihren Erfahrungen mit den Affen zu erzählen.

Strauße stecken bei Gefahr den Kopf in den Sand

«Der steckt den Kopf in den Sand» – das sagen wir über jemanden, der in einer gefährlichen Situation ist, aber die Augen davor verschließt, anstatt sich der Gefahr zu stellen. Solche Menschen gibt's – die Strauße dagegen sind nicht so dumm. Sie haben lange,

kräftige Beine und können schnell Reißaus nehmen, wenn ihnen Gefahr droht. Das mit dem vergrabenen Kopf ist eine uralte Legende, die schon seit den Römern in der Antike immer wieder weitererzählt wird.

Der bekannte Tierforscher Bernhard Grzimek (sprich: Dschimek) schreibt in seinem Buch *Grzimeks Tierleben*: «Wenn ein Strauß wegläuft, dann kann es geschehen, dass er auf einmal verschwunden ist, obwohl er noch gar nicht den Horizont erreicht hat. Geht man ihm nach, sieht man ihn mit lang ausgestrecktem Hals flach auf der Erde sitzen. Daher stammt wohl das Märchen vom Vogel Strauß, der den Kopf in den Sand steckt und glaubt, nicht gesehen zu werden.» Vor allem Straußenkinder legen sich gern so hin. Dabei halten sie aber durchaus die Augen offen. Und wenn ihnen jemand zu nahe kommt, springen sie auf und sausen davon.

Katzen fallen immer auf die Füße

Katzen sind sehr geschickte Tiere. Sie schleichen sich fast lautlos an ihre Beute heran, um dann plötzlich und punktgenau ihr Opfer anzuspringen. Und sie haben eine weitere Fähigkeit: Sie können Stürze aus großer Höhe überleben – besser als zum Beispiel wir Menschen.

Das hat zunächst einmal mit der Größe zu tun. Ein Elefant würde sich schon bei einem Sturz aus zwei Metern Höhe die Beine brechen, während man eine Maus wahrscheinlich aus einem Flugzeug abwerfen könnte, ohne dass sie sich etwas dabei bräche. Bei Katzen kommt noch dazu, dass sie auch im freien Fall eine außerordentlich gute Manövrierfähigkeit haben. Sie können sich in der Luft drehen, indem sie ihren Schwanz als Steuer einsetzen. So bekommen sie tatsächlich fast immer rechtzeitig die Füße nach unten und landen sicher auf allen vieren.

Früher waren die Menschen kleiner als heute

Vielleicht hast du schon einmal in einem Museum oder auf einer alten Burg eine alte Ritterrüstung gesehen. Die sind meistens so klein, dass ein heutiger Erwachsener kaum hineinpassen würde. Tatsächlich werden die Menschen bei uns schon seit 150 Jahren von Generation zu Generation größer. Du hast also gute Chancen, einmal deine Eltern zu überragen.

Die Körpergröße hat viel damit zu tun, wie gut es den Menschen geht. Das hängt wiederum davon ab, ob sie genug und in der richtigen Mischung zu essen hatten, und ob sie in ihrer Kindheit vielen Krankheiten ausgesetzt waren. Es gibt eine eigene Forschungsrichtung, die sich *Auxologie* nennt und aus alten Büchern, zum Beispiel vom Militär (die jungen Soldaten wurden immer schon genau vermessen), herauszufinden versucht, wie groß denn die Menschen früher waren. Folgendes Beispiel ist ein neuerer Beleg dafür, dass die Größe etwas mit den Lebensumständen zu tun hat: Vor zehn Jahren, als die Zeit der DDR gerade vorbei war, war ein durchschnittlicher Achtzehnjähriger in Ostdeutschland noch zwei Zentimeter kleiner als heute.

In Europa sind in den letzten Jahrhunderten vor allem die Holländer gewachsen und haben alle anderen überholt. Dabei waren sie einmal ein eher kleinwüchsiges Volk. Seit es die Europäische Union gibt, holen aber die südlichen Länder kräftig auf. Die Amerikaner in den USA werden dagegen kaum größer – sie wachsen eher in die Breite und werden dicker.

Werden Menschen irgendwann einmal so groß sein wie Giraffen? Sicherlich nicht! Irgendwann stößt das Wachstum an natürliche Grenzen. Aber ein paar Generationen wird der Trend weitergehen, glauben Wissenschaftler – mit etwa einem Millimeter pro Jahr.

Fußnägel soll man immer gerade abschneiden

Die Begründung für den Rat, die Fußnägel immer gerade abzuschneiden lautet: Sonst könnten sie in den Zeh einwachsen, und das kann äußerst schmerzhaft sein. Ich habe einen Fußnagelexperten gefragt, der schon vielen Patienten eingewachsene Nägel wieder herausoperiert hat. Und der sagte, die beste Form für Zehennägel sei «spatenförmig», also ziemlich gerade, aber leicht gewölbt. Also im Prinzip die Nagelform an der Form des Zehs ausrichten, der ja vorne auch nicht so rund ist wie ein Finger.

Wichtig ist dabei vor allem, dass die Ecken des Nagels immer ein Stückchen über den Nagelrand hinausstehen. Sonst kann tatsächlich das passieren, wovor Eltern gerne warnen: dass der Nagel durch den seitlichen Druck enger Schuhe regelrecht ins Nagelbett hineingepikst wird und einwächst. Und dann wird es wirklich schmerzhaft, und der so verformte Nagel muss herausgeschnitten werden.

Nur ein Siebtel des Eisbergs schaut aus dem Wasser

Nachgefragt

Warum galt die Titanic als unsinkbar?

Die «Titanic» war eines der größten Passagierschiffe, die je gebaut wurden. Beim Bau legte man auf Sicherheit großen Wert: Sie hatte einen doppelten Boden, und der Rumpf bestand aus 16 voneinander getrennten Kammern. Selbst wenn vier dieser Kammern geflutet worden wären, wäre das Schiff nicht gesunken. Der Eisberg riss beim Zusammenstoß jedoch fünf der Kammern auf, und die Katastrophe, bei der 1500 Menschen ums Leben kamen, nahm ihren Lauf.

Eisberge können für Schiffe sehr gefährlich sein, das hat der Untergang der «Titanic» im Jahr 1912 bewiesen. Denn tatsächlich ist der größte Teil des Eisklumpens unter Wasser, und nur «die Spitze des Eisbergs» schaut heraus. Je nach Form des Eisgebildes kann es also passieren, dass das Schiff den unter Wasser liegenden Teil rammt, während der sichtbare Teil noch ein Stück entfernt ist.

Der Grund dafür ist eine Besonderheit des Wassers: Bei den meisten anderen chemischen Substanzen ist es nämlich so, dass sie in festem Zustand schwerer sind als in flüssigem. Wenn das bei Wasser auch so wäre, würden zum Beispiel Seen von unten nach oben zufrieren, und kein Wassertier könnte den Winter überstehen. Es hat also für die Fische durchaus etwas Gutes, dass Eis leichter ist als Wasser.

Eisberge haben eine Dichte von ungefähr 0,9. Das heißt, ein Liter Eisberg wiegt ungefähr 900 Gramm, während ein Liter Meerwasser etwa 1025 Gramm wiegt. Jetzt kann man mit ein paar Dreisatz-Gleichungen herumrechnen und kriegt heraus, dass weniger als ein Achtel des Eisbergs aus dem Wasser herausschaut und nicht ein Siebtel. Ist das jetzt mehr oder weniger? Na, das müssen wir doch wohl hier nicht beantworten …

Antwort: Stimmt fast.

Dreck reinigt den Magen

Wenn ihr ein Bonbon oder ein Stück Obst, das auf den Boden gefallen ist, aufhebt und in den Mund steckt, dann reagieren manche Erwachsene mit Panik: «Iiih, das kannst du doch nicht mehr essen!» Andere sehen das gelassener und sagen: «Dreck reinigt den Magen.» Eine alte Redensart. Und tatsächlich ist da einiges dran.

«Dreck», also Erde, kann durchaus gesund sein, auch für den Magen. Die Griechen entdeckten vor über 2000 Jahren verschiedene Sorten von Erden, mit denen man Magenbeschwerden lindern konnte.

Diese so genannten Heilerden sollten gegen die verschiedensten Krankheiten wirken. Das muss nicht alles stimmen, aber viele Erden enthalten tatsächlich chemische Verbindungen, die auch in modernen Medikamenten stecken.

Das heißt natürlich nicht, dass man Dreck löffelweise essen sollte. Denn natürlich kann er auch viele schädliche Stoffe enthalten und vor allem Krankheitserreger. Es ist aber alles eine Frage der Menge: Moderne Forscher sind der Ansicht, dass es gar nicht so sinnvoll ist, unseren Körper vor Mikroben und Keimen völlig zu schützen. Denn in kleinen Mengen, die der Körper noch abwehren kann, trainieren sie das Immunsystem. Das lernt so seine Gegner kennen, und wenn sie dann einmal wirklich heftig angreifen, ist es gegen sie gewappnet. Viele Wissenschaftler sehen die Ursache dafür, dass immer mehr Menschen an Allergien leiden, in einem übertriebenen Sauberkeitsfimmel. In kleinen Mengen kann Dreck also tatsächlich eine heilsame Wirkung haben – wenn auch nicht im Magen.

Die Erde ist eine Kugel

Dass die Erde rund ist, weiß inzwischen jedes Kind. Aber ist sie wirklich eine Kugel?

Oder fangen wir mal anders an: Wir lachen heute gern über unsere dummen Vorfahren, die dachten, die Erde sei eine Scheibe, und wenn man mit dem Schiff immer weiter raus aufs Meer führe, würde man irgendwann an ihrem Rand herunterfallen. Aber stell dir vor, so ein «Scheiben-Gläubiger» würde dir begegnen:

Könntest du ihm beweisen, dass die Erde keine Scheibe ist? Klar, heute gibt es Satellitenfotos aus dem Weltall – aber versetze dich mal in die Zeit vor vielen hundert Jahren, als man solche Techniken noch nicht kannte. Dann ist das Problem gar nicht so einfach zu lösen.

Schon die alten Griechen wussten aber, dass die Erde eine kugelähnliche Gestalt hat. Das wichtigste Indiz dafür war: Wenn ein Schiff aufs Meer hinausfährt, dann «versinkt» es langsam am Horizont – zuletzt ist nur noch der Mast zu sehen. Dadurch wusste man, dass die Erdoberfläche gekrümmt ist und nicht platt. Auch aus der Beobachtung von Sonne und Sternen kann man auf die runde Gestalt der Erde schließen und sogar ihren Umfang berechnen.

Seltsamerweise ging dieses Wissen in den Jahrhunderten nach der Antike zunächst verloren. Im Mittelalter glaubten die Leute wieder an eine flache Erde. Erst durch die großen Seefahrer, vor allem durch die Weltumseglung von Fernando de Magellan in den Jahren 1519 bis 1522, wurde eindeutig bewiesen, dass die Erde rund ist.

Aber ist sie wirklich eine Kugel? Natürlich nicht, es gibt ja Berge und Täler auf der Oberfläche. Nehmen wir an, der Globus wäre ganz mit Wasser bedeckt – wäre das dann eine perfekte Kugel? Auch dann nicht. Die Erde ist nämlich oben und unten abgeplattet. Der Abstand zwischen zwei gegenüberliegenden Punkten auf dem Äquator, also dem größten Breitenkreis der Erde, beträgt 12 756 Kilometer, die Entfernung zwischen Nord- und Südpol nur 12 714 Kilometer, also etwa 42 Kilometer weniger. Eine solche «abgeplattete Kugel» nennt man in der Mathematik auch ein *Rotationsellipsoid*.

Aber auch das ist noch nicht die volle Wahrheit: Genauere Messungen haben ergeben, dass die Massen im Inneren der Erde nicht ganz gleichmäßig verteilt sind und deshalb auch die Schwerkraft nicht überall dieselbe ist. Deshalb gibt es in den Ozeanen richtige «Dellen», die aber höchstens 50 Meter tief sind – eine Abweichung, die bei der Größe der Erde kaum ins Gewicht fällt. Aber wenn man's genau nimmt, leben wir auf einer Kartoffel.

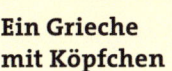 

Berühmte Leute

Ein Grieche mit Köpfchen

Der griechische Gelehrte **Eratosthenes** fand schon um das Jahr 220 v. Chr. heraus, dass die Erde eine Kugel ist, und berechnete sogar ihren Umfang von 40 000 Kilometern genau. Eratosthenes wusste, dass die Sonne am 21. Juni mittags in der ägyptischen Stadt Syene (heute Assuan) genau senkrecht von oben in einen Brunnen scheint. Ein Pfosten oder Turm wirft in diesem Moment auch keinen Schatten. Im etwa 800 Kilometer nördlich gelegenen Alexandria aber warfen die Gegenstände an diesem Tag sehr wohl einen Schatten. Den konnte man ausmessen und daraus den Winkel bestimmen, mit dem die Sonnenstrahlen in Alexandria einfielen. Weil er die Entfernung zwischen Syene und Alexandria kannte, konnte Eratosthenes aus diesen Angaben den Erdumfang berechnen. Ganz schön clever!

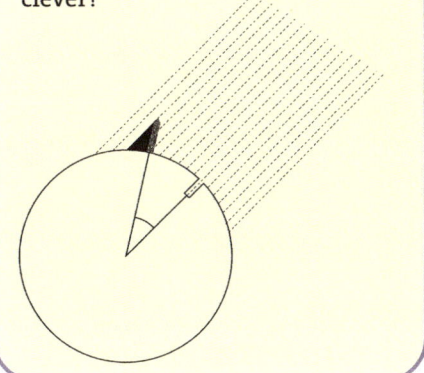

Man kann über Nacht graue Haare bekommen

Haben deine Eltern auch schon einmal zu dir gesagt, sie ärgerten sich so über dich, dass sie davon graue Haare bekommen? Du kannst beruhigt sein: Wenn deine Mutter oder dein Vater immer mehr graue Haare auf ihrem Kopf entdecken, dann hat das einzig und allein damit zu tun, dass sie älter werden. Die Erzählungen, in denen Menschen durch ein schlimmes Erlebnis oder einen Schock über Nacht grauhaarig wurden, sind Phantasieprodukte, auch wenn sie eine lange Tradition haben: In der Geschichte vom «Simplicissimus» erzählte Johann Jacob Christoffel von Grimmelshausen schon vor 400 Jahren von einem Mann, dessen Haare und Bart eines Morgens grau waren, «wiewohl er den Abend als ein dreißigjähriger Mann mit schwarzen Haaren zu Bette gegangen sei».

Die Haare auf deinem Kopf bestehen aber aus toten Körperzellen. Sie werden beim Wachsen sozusagen von der Haarwurzel her aus deinem Kopf «herausgeschoben». Selbst wenn also durch irgendein Ereignis der Körper plötzlich keine Farbstoffe für die Haare mehr produzieren würde (Pigmente nennt man diese Stoffe), würden die Haare, die bereits «draußen» sind, ihre Farbe nicht mehr verlieren. Die farblosen grauen Haare könnten nur von der Wurzel her nachwachsen. Allmählich kann man grau werden, ganz plötzlich aber nicht.

Es gibt eine (ziemlich seltene) Krankheit namens *Alopecia areata diffusa*, bei der in

---

Zahlen & Rekorde

Wie viele Haare hat der Mensch?

Durchschnittlich hat der Mensch etwa 120 000 Haare auf dem Kopf – ein Glatzkopf natürlich weniger. Dazu kommen nochmal etwa 25 000 Haare auf dem restlichen Körper. Die Kopfhaare wachsen etwa 0,3 Millimeter pro Tag. Nach einer bestimmten Zeit aber hört jedes Haar auf zu wachsen. Dann bleibt es eine Weile, wie es ist, und fällt schließlich aus. Bei Körperhaaren ist die Wachstumsphase kürzer, deshalb werden sie nicht so lang wie die auf dem Kopf. Dass häufiges Schneiden oder Rasieren die Haare kräftiger und schneller wachsen lässt, ist übrigens eine Legende.

ziemlich kurzer Zeit viele Kopfhaare ausfallen können. Graue Haare betrifft das weniger als diejenigen, die Pigmente enthalten. Wenn also jemand, der schon einen Anteil an grauen Haaren hat, davon befallen wird, kann es gut sein, dass er nachher grauhaariger wirkt als vorher – obwohl die grauen Haare schon vorher da waren und nur nicht so aufgefallen sind.

Holzspielzeug ist besser als Plastikspielzeug

Was heißt hier «besser»? Wenn man danach fragt, mit was das Spielen mehr Spaß macht, hat das ziemlich wenig mit dem Material zu tun. Das könnt ihr sicherlich am besten beurteilen. Manches Spielzeug wird nur einmal kurz ausprobiert und landet dann in der Ecke, mit anderen Sachen spielt man jahrelang immer wieder.

Außerdem ist natürlich für manche Anwendungen Holz besser und für andere Plastik. Legosteine, die bestimmt auch die meisten Erwachsenen für ein gutes Spielzeug halten, kann man nicht aus Holz schnitzen. An denen sieht man übrigens auch, dass es einen Unterschied zwischen Plastik und Plastik gibt: Während ein Legostein fast unzerstörbar ist, bricht manches billige Plastikspielzeug, das im Laden super aussah, nach einer Stunde auseinander und ist nicht mehr zu reparieren.

Dann ist da noch die Frage der Umweltbelastung: Viele Eltern glauben, Holz sei besser, weil es ein «Naturstoff» ist. Aber die Umweltbilanz von Holzspielzeug sieht nicht immer gut aus: Oft stammt das Holz von Bäumen aus tropischen Regenwäldern, die eigentlich schützenswert sind. So manches hübsche Holzpferdchen ist mit giftigen Holzschutzsprays behandelt oder mit schädlichen Lacken gefärbt worden. Aber auch bei Kunststoffen gibt es Umweltprobleme – etwa giftige Weichmacher, die austreten können, wenn ein kleines Kind auf den Plastikteilen herumkaut.

Ein gutes Kriterium, um die Qualität von Spielzeug zu beurteilen, ist der so genannte «Spiel gut-Punkt», der von einer Jury von Fachleuten verliehen wird.

Gähnen ist ansteckend

Bestimmt hast du das schon einmal erlebt: Du sitzt mit einem oder mehreren Freunden zusammen und einer macht einen Witz. Alle fangen an zu lachen und werden immer alberner, bis sie gar nicht mehr aufhören können. Lachen steckt an, sagt man. Und genauso kann Gähnen anstecken.

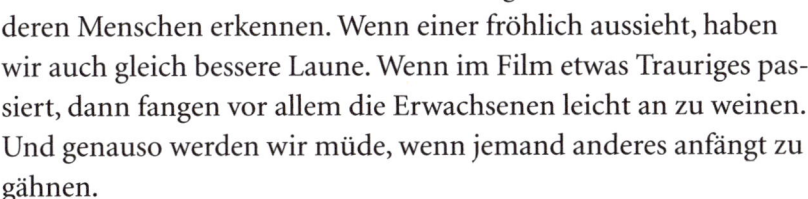

Der Mensch ist seit Urzeiten ein geselliges Wesen. Schon unsere Vorfahren haben in Horden zusammengehockt. Und es war immer wichtig, dass man die Gefühlsregungen der anderen mitbekam: Ist der da drüben freundlich, oder guckt er böse und greift mich gleich an? Schon aus dem Gesicht auf einem Foto können wir die Stimmung des anderen Menschen erkennen. Wenn einer fröhlich aussieht, haben wir auch gleich bessere Laune. Wenn im Film etwas Trauriges passiert, dann fangen vor allem die Erwachsenen leicht an zu weinen. Und genauso werden wir müde, wenn jemand anderes anfängt zu gähnen.

«Ansteckende» Gefühle gibt es auch bei Tieren. Und sogar zwischen Lebewesen verschiedener Arten: Hunde winseln, wenn es Herrchen oder Frauchen nicht gut geht. Wir Menschen lernen das «Mitfühlen» schon sehr früh: Wenn man ein Baby anlacht, lacht es zurück. Und man kann es auch schon zum Gähnen bringen. Das ansteckende Lachen kann sogar zur Seuche werden: Vor vierzig Jahren soll es in Afrika einmal unter Schulmädchen eine Lachepidemie gegeben haben, die ein halbes Jahr dauerte.

Und warum funktioniert das mit den ansteckenden Gefühlen? Beim Gähnen haben Wissenschaftler die folgende, etwas gewagte Theorie aufgestellt: Offenbar war es für unsere Vorfahren wichtig, dass die Menschenhorden der Urzeit alle gleichzeitig zu Bett gingen. So konnte auch zu Zeiten, als es noch keine Polizei gab, jeder sicher sein, dass der andere nicht irgendwelche bösen Dinge tat, während man selber schlief.

Es gibt Eis mit Blumengeschmack

Na ja, die Überschrift der Geschichte ist ein bisschen übertrieben. Aber tatsächlich wird der Geschmack für eine der gebräuchlichsten Eissorten aus einer Pflanze gewonnen, die wir vor allem als Blume kennen. Die Rede ist von der Vanille. Die gehört nämlich zu den Orchideen – das sind wunderschöne Blumen, meist aus Südamerika stammend, die im Blumengeschäft ziemlich teuer sind.

Aber natürlich werden keine Blütenblätter unters Eis gerührt. Man wartet, bis die Blumen verblüht sind, dann bilden sie längliche Schoten – ähnlich wie Erbsen oder Bohnen. Diese Schoten werden getrocknet und schrumpeln dabei zu dünnen schwarzen Stangen ein. Solche Schoten kann man auch bei uns im Feinkostgeschäft kaufen. Man schlitzt die Schoten auf und kratzt das dunkle, aromatische Mark heraus. Schaut euch das nächste Mal beim Eismann das Vanilleeis einmal genauer an – bei dem wirklich guten, das noch mit echter Vanille gemacht wird und nicht mit künstlichen Aromastoffen, erkennt man kleine schwarze Pünktchen. Das ist das Mark aus der Vanilleschote.

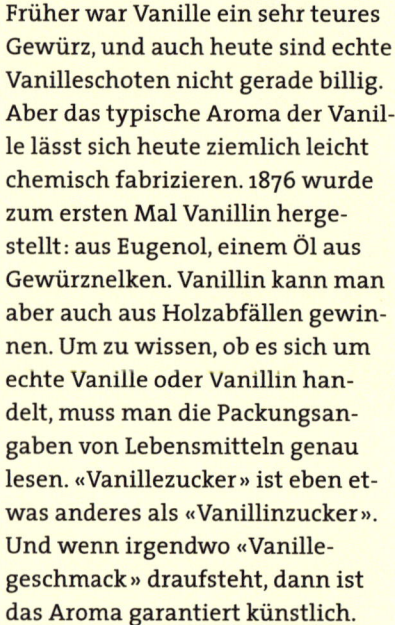

Nachgefragt

Was ist Vanillin?

Früher war Vanille ein sehr teures Gewürz, und auch heute sind echte Vanilleschoten nicht gerade billig. Aber das typische Aroma der Vanille lässt sich heute ziemlich leicht chemisch fabrizieren. 1876 wurde zum ersten Mal Vanillin hergestellt: aus Eugenol, einem Öl aus Gewürznelken. Vanillin kann man aber auch aus Holzabfällen gewinnen. Um zu wissen, ob es sich um echte Vanille oder Vanillin handelt, muss man die Packungsangaben von Lebensmitteln genau lesen. «Vanillezucker» ist eben etwas anderes als «Vanillinzucker». Und wenn irgendwo «Vanillegeschmack» draufsteht, dann ist das Aroma garantiert künstlich.

Krokodile vergießen Krokodilstränen

Wenn man sagt, jemand vergießt Krokodilstränen, dann meint man damit, dass er sozusagen nur zur Show weint, aber nicht wirklich traurig ist. Und bei den Krokodilen ist es tatsächlich ähnlich.

Viele Tiere haben Tränendrüsen wie wir. Die dienen ja auch bei uns zunächst mal nicht zum Weinen, sondern sorgen dafür, dass die Augen immer schön feucht sind und Fremdkörper herausgewaschen werden. Bei uns kommt noch hinzu, dass die Tränendrüsen aktiv sind, wenn wir traurig sind. Das ist bei Tieren wohl nicht so – obwohl es viele Geschichten von Elefantenmüttern oder Kühen gibt, die geweint haben sollen, als eines ihrer Babys gestorben ist. Aber das sind wahrscheinlich nur Erzählungen. Tiere mögen winseln, wenn sie Trauer empfinden, aber weinen tun sie nicht.

Aber zurück zu den Krokodilen: Diese letzten Nachfahren der Dinosaurier können ihr Maul sehr weit aufreißen, wenn sie ein großes Stück Beute verschlingen wollen. Und dann müssen sie es kräftig wieder zudrücken. So kräftig, dass ihnen dabei auch schon einmal die Tränen kommen. Diese Krokodilstränen sind also wirklich kein Ausdruck von Mitleid mit dem armen Opfer – ganz im Gegenteil.

Adam und Eva haben im Paradies unerlaubt Äpfel gegessen

In der Schöpfungsgeschichte der Bibel heißt es:

«Die Schlange war schlauer als alle Tiere des Feldes, die Gott, der Herr, gemacht hatte. Sie sagte zu der Frau: Hat Gott wirklich gesagt: ‹Ihr dürft von keinem Baum des Gartens essen›? Die Frau entgegnete der Schlange: ‹Von den Früchten der Bäume im Garten dürfen wir essen; nur von den Früchten des Baumes, der in der Mitte des Gartens steht, hat Gott uns verboten zu essen. Daran dürfen wir nicht rühren, sonst werden wir sterben.› Darauf sagte die Schlange zu der Frau: ‹Nein, ihr werdet nicht sterben.› Die Frau hatte große Lust, von den köstlichen Früchten zu naschen. Der Baum war eine Augenweide, und dazu verlockte er, klug zu werden. Sie nahm von seinen Früchten und aß; sie gab auch ihrem Mann, der bei ihr war, und auch er aß.»

Steht da irgendwas von Äpfeln? Nein, und auch sonst ist in der Geschichte immer nur von «verbotenen Früchten» die Rede. Weil sie von diesen Früchten gegessen haben, werden Adam und Eva schließlich aus dem Paradies vertrieben.

Die Schöpfungsgeschichte stammt aus dem Nahen Osten, und dort wurden zu

Schnippel-Gimmick:
Das «Stimmt's-Kärtchenspiel»

Und so geht's:

1. Alle Bastelseiten an der Schnittlinie aus dem Buch heraustrennen.
2. Alle Kärtchen an den gestrichelten Schnippellinien ✂ ausschneiden: schon fertig!

Spielanleitung

Es geht darum, möglichst viele richtige «Trios» zusammenzustellen.
Dafür müsst ihr alle Karten mit dem Bild nach unten auf einem Tisch verteilen und gut durcheinander mischen. Jetzt werden reihum immer drei Karten umgedreht:
Hat man drei passende gefunden, dann darf man sie vor sich aufstapeln und nochmal ziehen. Passen sie nicht zusammen, ist der Nächste dran. Schummeln ist selbstverständlich erlaubt, solange es niemand bemerkt! Also: ALLE AUFGEPASST!
Und bei Streitfragen nochmal im Buch nachlesen, ob's stimmt oder nicht!!!
Das Ganze dauert so lange, bis keine Karten mehr in der Tischmitte liegen. Die Person mit den meisten Trios gewinnt das Kärtchenspiel.

Delphine sind die intelligentesten Tiere!

STIMMT NICHT!

Bienen müssen sterben, wenn sie Menschen stechen!

STIMMT!

Elefanten haben Angst vor Mäusen!

STIMMT NICHT!

Zecken sitzen auf Bäumen und stürzen sich von oben auf Menschen!

STIMMT NICHT!

Nur ein Siebtel eines Eisberges schaut aus dem Wasser!

STIMMT FAST!

Haare und Nägel wachsen nach dem Tod weiter!

STIMMT NICHT!

Stiere «sehen rot!»

STIMMT NICHT!

Faultiere sind faul!

STIMMT!

dieser Zeit noch überhaupt keine Äpfel angebaut. Als das Christentum dann nach Europa kam, haben die Leute sich viele Einzelheiten der Bibel so ausgemalt, wie es ihren eigenen Erfahrungen und Gewohnheiten entsprach. Zum Beispiel sehen die Bildnisse von Jesus bei uns ja auch oft sehr europäisch aus. Und wenn ein europäischer Maler dann ein Bild von Adam und Eva im Paradies malen sollte, hat er als Frucht eben eine gewählt, die er kannte. Und das war der Apfel.

Ein verschluckter Kaugummi kann mehrere Jahre im Magen bleiben

Das Gummi im Kaugummi ist eine Substanz, die wir nicht verdauen können. Das ist aber noch lange kein Grund für den Magen, das Klümpchen bei sich zu behalten. Er leitet es weiter durch den Darm, und irgendwann gelangt der Kaugummi auf ganz natürlichem Weg ins Freie. Das dauert normalerweise höchstens ein paar Tage.

Ein verschluckter Kaugummi ist also kein Problem. Ernster kann es werden, wenn ein Kind regelmäßig viele Kaugummis schluckt. Dann kann sich nämlich ein richtiger Pfropfen aus Gummi bilden – zwar nicht im Magen, aber im verschlungenen Dickdarm. In einer Fachzeitschrift für Kinderärzte hat ein amerikanischer Doktor solche Fälle beschrieben, in denen der Darm mit einem Kaugummiklumpen richtig verstopft war. Das liest sich ganz schön eklig: Der Pfropf kann nämlich nur «von hinten» beseitigt werden, und das ist bestimmt nicht angenehm. Das, was der Arzt schließlich zutage förderte, erinnerte ihn an zähe Karamellbonbons … Würg.

Also macht es euch besser nicht zur Gewohnheit, Kaugummis zu verschlucken. Jüngeren Geschwistern gebt ihr am besten überhaupt keine Kaugummis, wenn sie noch nicht wissen, wie man damit umgeht.

Nachgefragt

Warum gibt es keinen Kaugummi mit Schokogeschmack?

Auf der ganzen Welt kauen die Menschen seit Jahrhunderten Kaugummi. Unser moderner Kaugummi basiert auf einem Gummi namens *Chicle*, das aus Pflanzen in Mittelamerika gewonnen wird und unverdaulich ist. Dieses Gummi ist fettlöslich. Das heißt, die Kakaobutter, die in Schokolade enthalten ist, würde das Chicle auflösen, sodass man es nicht mehr kauen kann. Probiert es aus und steckt mal ein Stück Schokolade zu einem durchgekauten Kaugummi in den Mund, dann merkt ihr das! Allenfalls mit künstlichen Aromastoffen könnte man also ein Schoko-Kaugummi herstellen.

An der Anzahl seiner Punkte lässt sich das Alter eines Marienkäfers ablesen

Stimmt nicht. Was für ein Alter soll das auch sein? Das Alter in Tagen? In Monaten? In Jahren? Könnt ihr euch vorstellen, dass ein Marienkäfer immer zum Geburtstag einen neuen Punkt bekommt? Nein, ein Marienkäfer hat nach dem Schlüpfen aus der Puppe lebenslänglich dieselbe Anzahl von Punkten. Und seine Brüder und Schwestern, Onkel und Tanten haben genauso viele. Die Zahl ist innerhalb jeder Marienkäferart immer gleich.

Zwischen den Arten (es gibt weltweit etwa 4500 verschiedene Marienkäferarten, allein in Deutschland 80) gibt es aber ganz schöne Unterschiede – die Zahl reicht von 2 bis 22. Viele Marienkäferarten sind sogar nach der Zahl ihrer Punkte benannt. Sie tragen das lateinische Wort für diese Zahl in ihrem wissenschaftlichen Namen: *Hipodamia* **tredecimpunctata** (13 Punkte), *Propylaea* **quatuordecimpunctata** (14 Punkte), *Anatis* **quindecimpunctata** (15 Punkte), *Thea* **vigintiduopunctata** (22 Punkte), *Adalia* **bipunctata** (nur 2 Punkte). Am bekanntesten ist natürlich *Coccinella* **septempunctata**, der beliebte siebenpunktige «Glücksbringer».

Und wozu haben Marienkäfer überhaupt Punkte? Die Wissenschaftler glauben, dass die Tierchen damit ihre Feinde abschrecken wollen. Na ja, sehr große Angst jagen sie ihnen damit wohl nicht ein. Und auch sonst haben sie wenige Waffen, um sich etwa gegen Vögel zu verteidigen. An ihren Beinen tritt bei Gefahr ein eher harmloses gelbliches Gift aus – das war es dann schon. So bleibt ihnen nichts anderes übrig, als sich tot zu stellen, wenn ein Fressfeind kommt.

Vom Frieren und Nasswerden kriegt man eine Erkältung

«Kind, zieh dich warm an, du holst dir sonst den Tod!», den Spruch hast du vielleicht auch schon von deiner Mutter oder deinem Vater gehört. Und natürlich ist es gut, wenn Eltern darauf achten, dass die Kinder immer warm genug angezogen sind. Nur: Vom Frieren allein wird niemand krank. Auch wenn man nach dem Schwimmen mit nassen Haaren in die Kälte hinausgeht, führt das nicht automatisch zu einer Erkältung.

Denn Schnupfen und andere Erkältungskrankheiten werden von kleinsten Krankheitserregern ausgelöst, die man Viren nennt. Kein Virus, kein Schnupfen! Forscher in Polarstationen zum Beispiel erkälten sich eher selten – im Polareis ist es nämlich selbst für Viren zu kalt.

Viele wenden dagegen ein: Gut, die Viren sind die eigentlichen Übeltäter, aber Kälte und Nässe schwächen die Abwehrkräfte, sodass man sich leichter anstecken kann. Die Mediziner, die ich dazu befragt habe, waren sich nicht einig. In Amerika sind sogar schon einmal Experimente unternommen worden, um diese Frage zu klären. Freiwillige Testpersonen wurden mit einer Extradosis Schnupfenviren behandelt – mal in eisiger Kälte, mal bei normaler Zimmertemperatur. Die Zahl derer, die tatsächlich einen Schnupfen kriegten, war unter beiden Bedingungen gleich groß.

Aber erkälten wir uns nicht im Winter öfter als im Sommer? Darüber gibt es gar keine genauen Zahlen. Sollte es tatsächlich so sein, dann führen es die Virenexperten nicht etwa darauf zurück, dass wir viel draußen in der Kälte sind – im Gegenteil: Weil wir im Winter viel mit anderen Menschen in geschlossenen, gut geheizten Räumen sitzen, können sich die Viren besonders gut verbreiten.

Lesen bei schlechter Beleuchtung schadet den Augen

Warum nur lesen viele Kinder so gern bei Schummerlicht oder mit einer Taschenlampe unter der Bettdecke?

«Du verdirbst dir ja die Augen!», mahnen einen die Erwachsenen dann immer. In fast allen Medizinbüchern steht aber: Das ist Unsinn. So wie die Ohren nicht schlechter werden, wenn wir das Radio leise drehen, würden auch die Augen im Halbdunkel nicht schlechter. Zwar können sie nach dem Lesen brennen, man wird müde, kriegt vielleicht sogar Kopfschmerzen – aber das ist am nächsten Tag wieder vorbei. Ein dauerhafter Schaden könne dadurch nicht entstehen. Zu viel Licht kann den Augen gefährlich werden, zu wenig Licht niemals.

Aber dann ist mir die Forschungsarbeit eines Wissenschaftlers von der Universität Tübingen in die Finger gekommen, der Versuche mit Hühnern gemacht hat. Die können zwar nicht lesen, doch kann man untersuchen, ob ihre Augen schlechter werden, wenn sie längere Zeit in ständigem Dämmerlicht leben müssen. Und siehe da: Die Hühner wurden verstärkt kurzsichtig. Diesmal ist ein Körnchen Wahrheit in der Warnung der Eltern. Also: Besser, ihr macht beim Lesen das Licht an! Und wenn ihr heimlich unter der Bettdecke lest, dann nehmt eine starke Taschenlampe.

Lemminge begehen Selbstmord, indem sie sich ins Meer stürzen

An dieser Stelle muss ich mal etwas gegen die Firma Walt Disney sagen, die euch ansonsten mit Micky Maus, Donald Duck und anderen Comic-Helden Freude macht. Aber fangen wir erst mal mit den Lemmingen an: Die gehören zu den Wühlmäusen und leben vor allem in Skandinavien. Wahr ist, dass es dort manchmal zu Massenwanderungen der Nagetiere kommt. Aber dass sie sich dabei absichtlich in den Abgrund stürzen, ist eine alte Legende ohne echte Grundlage.

Was hat das nun alles mit Walt Disney zu tun? Die Firma hat vor vielen Jahren einmal einen Naturfilm gedreht mit dem Titel «Abenteuer in der weißen Wildnis». Dort gibt es eine Szene, in der man sieht, wie die Lemminge sich anscheinend in ein Flusstal stürzen. Ein kanadischer Journalist ist der Sache einmal nachgegangen. Und er hat etwas Erschreckendes herausgefunden: Die ganze Sache war inszeniert, also nur für die Kamera gestellt worden. Zunächst mal ist der Film im kanadischen Bundesstaat Alberta gedreht worden, wo es gar keine Lemminge gibt. Die mussten dort erst hingeschafft werden. Damit es nach richtig vielen Lemmingen aussah, wurden die Tierchen auf eine große Drehscheibe gesetzt – so wurden immer wieder dieselben Lemminge gefilmt, und es sah nach viel mehr aus, als es in Wirklichkeit waren. Und die böse Sache bei der Geschichte ist der Teil, wo sie sich angeblich umbringen. «Die Lemminge erreichen den tödlichen Abgrund», sagt der Filmsprecher mit dramatischer Stimme, «dies ist ihre letzte Chance umzukehren. Aber sie laufen

Berühmte Leute

Der Vater von Micky und Co.

Walt Disney (1901 bis 1966) arbeitete zunächst als Werbezeichner und begann dann, Märchenfilme zu drehen. Der große Erfolg kam mit der Entwicklung der Figur «Micky Maus» im Jahr 1928. Sechs Jahre später kam Donald Duck dazu. Walt Disney wurde weltberühmt, produzierte nicht nur Comics, sondern auch viele Natur- und Tierfilme. 1955 wurde der erste Disneyland-Vergnügungspark bei Los Angeles eröffnet.

weiter, stürzen sich in die Tiefe.» In Wirklichkeit stürzten sich die Tiere nicht selber in den Abgrund, sondern die Disney-Leute halfen nach. Am Ende des Films sieht man die sterbenden Tiere im Wasser treiben. «Langsam schwinden die Kräfte, der Wille lässt nach, und der arktische Ozean ist übersät mit den kleinen toten Leibern», sagt der Sprecher noch zum Schluss. Ganz schön brutale Methoden!

Bienen müssen sterben, wenn sie Menschen stechen

Bienen sind eigentlich friedliche Tiere. Bestimmt hast du schon einmal ein Bild von einem Imker gesehen, an dem ein ganzes Bienenvolk hängt, ohne dass er gestochen wird. Der Stachel ist eine reine Verteidigungswaffe. Tatsächlich endet der Stich tödlich für die Biene, wenn sie ein Säugetier oder einen Menschen piekst.

Schaut man sich den Bienenstachel unter dem Mikroskop an, weiß man auch, warum: Er ist mit kleinen Widerhaken versehen. Sticht die Biene in unsere dicke, feste Haut, dann verhindern diese Häkchen, dass sie den Stachel wieder herausziehen kann. Versucht sie sich trotzdem zu befreien, reißt sich die verzweifelte Biene fast immer den gesamten Hinterleib heraus. Daran geht sie dann zugrunde. Gegen andere Insekten, aber auch gegen Vögel kann sie ihren Stachel dagegen mehrmals verwenden.

Bei Wespen ist das anders – die sind als Jäger viel aggressiver und können ihren Stachel mehrfach verwenden. Er hat zwar auch kleine Widerhaken, aber die Hinterleibsmuskulatur ist bei der Wespe kräftiger als bei der Biene.

Warum stechen die friedfertigen Bienen überhaupt Menschen? Meistens ist es ein Missverständnis. Zum Beispiel reagieren Bienen sehr empfindlich auf Düfte, und da kann sie schon das falsche Haarshampoo in Verwirrung stürzen.

Der abgerissene Stachel mit der daran hängenden Giftblase kann übrigens noch weiterpumpen. Deshalb sollte man ihn nicht mit einer Pinzette entfernen, weil man so noch mehr Gift in die Wunde drückt. Die einfachste Methode: den Stachel mit dem Fingernagel abkratzen.

Ein Menschenjahr entspricht sieben Hundejahren

Hunde werden nicht so alt wie Menschen. Wie alt sie werden, hängt vor allem von der Rasse ab: Eine Dogge wird im Durchschnitt nur etwa 7 Jahre alt, kleine Hunderassen können dagegen durchaus 15 Jahre leben. Wenn man mal annimmt, dass ein Mensch etwa 75 Jahre alt wird, dann ist das also zwischen fünf- und elfmal soviel wie beim Hund.

Ein Hund altert aber vor allem anders als ein Mensch. Wir sind mit etwa 18 bis 20 Jahren ausgewachsen. Wenn man das durch 7 teilt, dann kommt dabei eine Zahl zwischen 2,5 und 3 Jahren heraus. Hunde sind aber meist schon nach eineinhalb Jahren voll ausgewachsen. Das heißt: Am Anfang entspricht ein Menschenjahr sogar etwa 14 Hundejahren.

Nach dem Erwachsenwerden gibt es kaum noch besondere Punkte im Leben von Mensch und Hund – man wird halt einfach älter. Deshalb gibt es auch viele unterschiedliche Tabellen, in denen gegenübergestellt wird, welches Hundealter welchem Menschenalter entspricht.

Wie rechnet man Hunde- in Menschenjahre um?

Menschen-alter	kleine Hunderassen	mittlere Hunderassen	große Hunderassen
6 Monate	15 Jahre	10 Jahre	8 Jahre
1 Jahr	20 Jahre	18 Jahre	14 Jahre
2 Jahre	28 Jahre	27 Jahre	22 Jahre
5 Jahre	40 Jahre	45 Jahre	49 Jahre
8 Jahre	52 Jahre	63 Jahre	76 Jahre
10 Jahre	60 Jahre	75 Jahre	94 Jahre

Blindschleichen sind blind

Hast du schon einmal eine Blindschleiche gesehen? Wenn ja, dann weißt du zumindest, dass der zweite Teil des Namens nicht viel mit der Wirklichkeit zu tun hat – Blindschleichen schleichen nämlich nicht, sondern sie sind ganz schön flink.

Und blind sind sie auch nicht. Im Gegenteil: Sie können ziemlich gut sehen und mit den Augen ihre Beute aufspüren. Die Äuglein sind nur ziemlich klein, und vielleicht haben die Leute früher nicht so genau hingeguckt. Also war eher derjenige blind, der der Schleiche ihren Namen gegeben hat.

Blindschleichen kannst du übrigens ruhig berühren, wenn du sie überhaupt zufällig zu fassen bekommst. Sie gehören nämlich nicht zu den Giftschlangen. Ja, sie gehören sogar nicht einmal zu den Schlangen, sondern zu den Echsen. Irgendwann stellten die Blindschleichen wohl fest, dass Schlängeln auch eine gute Art der Fortbewegung ist, und die Beinchen bildeten sich immer weiter zurück. Nur am Skelett unter der Haut kann man die Beinfortsätze heute noch erkennen.

Von drei Bittermandeln kann man sterben

Zu Hause im Küchenschrank, dort, wo die Backzutaten liegen, bewahren deine Eltern vielleicht auch ein Tütchen mit Bittermandeln auf. Die sehen aus wie ganz normale Mandeln, schmecken aber – wie der Name schon sagt – sehr bitter. Deshalb werdet ihr sie, wenn ihr beim Naschen einmal daran geratet, wahrscheinlich gleich angeekelt wieder ausspucken. Außerdem steht auf der Packung groß drauf, dass sie giftig sind. Bei kleinen Kindern, die noch nicht lesen können, kann es aber tatsächlich mal passieren, dass sie anfangen, die Dinger zu futtern. Und dann kann es gefährlich werden.

Wieso hat man das bittere Zeug überhaupt im Schrank? Wenn man sie sparsam verwendet, können sie Speisen ein leckeres Aroma geben, Marzipan zum Beispiel. So ist es ja bei vielen Giften: In winzigen Mengen können sie sogar schmecken, in großen Mengen sind sie gefährlich.

Der Stoff, der für das Aroma verantwortlich ist und gleichzeitig die Mandeln so gefährlich macht, heißt *Amygdalin*. Im Magen wird diese Substanz in die hochgiftige Blausäure umgewandelt, von der schon etwa 50 Tausendstel Gramm für einen Erwachsenen tödlich sind, für ein Kind noch eine viel kleinere Menge.

Aus einer einzigen Bittermandel bildet sich etwa ein Milligramm Blausäure. Bei kleinen Kindern kann schon das Naschen von drei bitteren Mandeln zu schweren Vergiftungserscheinungen führen, sieben bis zehn können tödlich sein.

Gekochte oder gebackene Speisen, die mit Bittermandeln zubereitet worden sind, kann man übrigens bedenkenlos essen: Die Blausäure wird beim Erhitzen vernichtet.

Kamele speichern Wasser
in ihren Höckern

Die Höcker der Kamele (Dromedare haben einen Höcker, Trampeltiere zwei) enthalten kein Wasser, sondern Fett. Das ist eine Nahrungsreserve für lange Wüstentrips: Wenn das Kamel eine Weile nichts oder nur wenig zu essen bekommt, werden die Höcker immer schlaffer und hängen dann schließlich richtig herunter.

Wasser speichern kann das Kamel auch – aber nicht im Höcker, sondern an anderen Stellen des Körpers, etwa im Magen. Und vor allem können die Tiere sehr sparsam mit dem kostbaren Nass umgehen. Sie filtern mit ihren Nasenhärchen Feuchtigkeit aus der Atemluft heraus, damit die nicht verloren geht, sie pinkeln nur sehr wenig, und sie schwitzen viel weniger als andere Tiere und Menschen. Ein Kamel kann bis zu einem Viertel seines Körpergewichts durch Wasserverlust einbüßen – da wäre ein Mensch längst tot. So überlebt das Höckertier bis zu zwei Wochen ohne Wasser. Auch das würde kein Mensch aushalten. Und wenn es einmal richtig durstig ist, trinkt ein Kamel innerhalb von ein paar Minuten 100 Liter Wasser!

Zecken sitzen auf Bäumen und stürzen sich von oben auf die Menschen

Zeckenbisse sind gefährlich. Dabei wollen die Zecken den Menschen eigentlich gar nichts Böses tun. Sie haben es nur auf ein

paar Tropfen unseres Blutes abgesehen. Aber sie können mit ihrem Biss schwere Krankheiten übertragen.

Meist sitzen die Zecken aber gar nicht auf hohen Bäumen. Sie hätten von da oben auch Schwierigkeiten, ihre Opfer wahrzunehmen und die richtige Flugbahn zu berechnen. Tatsächlich hocken sie meist in Gräsern und Büschen. Sie müssen dann selbst gar nicht viel tun, sondern werden sozusagen «im Vorbeigehen» mitgenommen.

Die meisten «Hausmittel», mit denen man die festgebissene Zecke angeblich entfernen kann, sind wenig erfolgreich.

Es ist zum Beispiel kein guter Tipp, das Tier durch einen Tropfen Öl zu betäuben. Dann übergibt sich die Zecke nämlich regelrecht in der Wunde – und abgesehen davon, dass das eklig ist, kommen mit dem Mageninhalt auch die Krankheitserreger in unseren Körper. Man sollte die Zecken einfach herausziehen, möglichst mit einer Pinzette und möglichst ohne sie zu zerquetschen. Ob man sie dabei dreht und in welcher Richtung, ist ziemlich egal.

Nachgefragt

Welche Krankheiten werden von Zecken übertragen?

Zecken sind für die Übertragung von zwei ziemlich gefährlichen Krankheiten verantwortlich: 1. Die *Frühsommer-Meningoenzephalitis*, abgekürzt FSME, eine durch Viren verursachte Entzündung des Gehirns. Die verläuft zwar nur selten tödlich, es können aber Schäden zurückbleiben, etwa dauernde Kopfschmerzen. 2. Die *Lyme-Borreliose*, eine bakterielle Erkrankung, die sich zunächst nur durch Hautreizung und Fieber äußert, aber später auf den ganzen Körper übergreifen und Gelenke, Herz und Nerven schädigen kann. Deshalb sollte man bei Beschwerden nach einem Zeckenbiss sofort zum Arzt gehen!

Ein Pferd hat ein PS

PS ist die Abkürzung für «Pferdestärken». Stell dir nun folgendes Experiment vor: 50 Pferde sind hinter einen Kleinwagen mit 50 PS gespannt. Jetzt zieht der Wagen mit voller Kraft in die eine Richtung, und die 50 Pferde in die andere. Wer gewinnt? Ganz klarer Fall – die Pferde.

Ein Pferd kann also für einen kurzen Moment erheblich mehr Kraft entfalten als ein PS. Darum geht es aber nicht. Was ein PS ist, hat der Erfinder der Dampfmaschine, James Watt, festgelegt. Um 1780 herum begannen seine Maschinen zum Beispiel in den Mühlen die Pferde zu ersetzen. Um Werbung für seine lauten Dampfmaschinen zu machen, wollte Watt den Leuten zeigen, dass sie viel besser waren als Pferde. Also musste er die Leistung irgendwie vergleichen. Und dabei ging es nicht um die maximale Kraft des Pferdes, sondern darum, wie viel es über einen ganzen Arbeitstag hinweg leisten kann, ohne zusammenzubrechen.

Hat Watt nun die Pferdestärke richtig berechnet? Ja, hat er. Vor ein paar Jahren haben es Biologen noch einmal nachgerechnet. Ihr Ergebnis: Ein 600-Kilo-Pferd schafft zwar eine Spitzenleistung von 24 PS – zwei Pferde könnten also gegen den Kleinwagen ankommen. Berechnet man aber die Dauerleistung, die man einem Pferd abverlangen kann, ohne zum Tierquäler zu werden, dann kommt ziemlich genau 1 PS heraus.

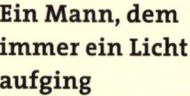

Berühmte Leute

Ein Mann, dem immer ein Licht aufging

James Watt (1736 bis 1819) ist einer der berühmtesten Erfinder der Welt. Dabei ist die Dampfmaschine eigentlich gar nicht seine Erfindung. Aber er war es, der diese Maschine so konstruierte, dass sie wirklich verlässlich arbeitete. Und so wurde sie zur Grundlage der «Industriellen Revolution»: Viele Maschinen, die vorher durch die Kraft von Menschen oder Tieren angetrieben wurden, konnten nun mit Dampfkraft arbeiten. Wenn du heute eine Glühbirne kaufst, wirst du an James Watt erinnert: Denn die Einheit Watt, mit der man die elektrische Leistung misst, geht auf ihn zurück und ist von seinem Namen abgeleitet.

Bei Obst sitzen die Vitamine vor allem unter der Schale

Ob man Äpfel oder Birnen vor dem Essen schält, ist Geschmackssache. Gesund sind sie auf jeden Fall. Aber tatsächlich sitzen direkt unter der Schale mehr Vitamine als im Inneren der Früchte. Das hat ein Professor bei der Bundesforschungsanstalt für Ernährung vor ein paar Jahren herausgefunden. Er schälte verschiedene Sorten von Äpfeln, Birnen und Kartoffeln und bestimmte dann den Gehalt an Vitaminen und Nährstoffen in der Schale und im Fruchtfleisch. Sein Ergebnis: Die Schalen enthielten durchweg mehr von den gesunden Vitaminen. Beim Vitamin C war der Gehalt bis zu siebenmal so hoch, und auch wichtige Mineralien waren in der Schale häufiger zu finden. Deshalb iss ruhig die Schalen mit – natürlich nachdem du den Apfel oder die Birne gründlich gewaschen hast.

Was für Obst gilt, muss übrigens für Gemüse und andere Naturprodukte nicht richtig sein. Kartoffelschalen zum Beispiel sollte nur der essen, dem's schmeckt oder der zu faul zum Schälen ist. Denn da enthalten die Schalen sogar eher weniger Vitamine als das Innere.

Einstein war ein schlechter Schüler

Eigentlich ein schöner Trost bei schlechten Schulnoten: Wenn auch Albert Einstein, einer der genialsten Wissenschaftler aller Zeiten, ein schlechter Schüler war, dann kann ja aus mir auch noch etwas werden.

Es stimmt, dass auch aus schlechten Schülern noch kluge und erfolgreiche Leute werden können. Aber auf Einstein kann man sich dabei nicht berufen. Der war nämlich nicht wirklich schlecht in der Schule, wenn er auch kein Musterschüler war. Einstein war schon als Jugendlicher ein Einzelgänger und war am liebsten mit seinen Gedanken allein. Er hasste den Kommandoton, der auf dem Gymnasium in München herrschte, das er besuchte. Allerdings ging es damals, vor über 100 Jahren, auch noch sehr militärisch an den Schulen zu. Die Lehrer waren sehr streng, und die Kinder mussten absolut gehorsam sein. Wenn sie frech waren, setzte es harte Strafen. Oft wurden sie sogar noch geprügelt. Jedenfalls war Einstein froh, als ein Arzt ihm bescheinigte, dass er krank wäre. Daraufhin durfte er die Schule in der 11. Klasse verlassen.

Weil er aber Physik studieren wollte und keine Ausnahmegenehmigung bekam, musste er das Abitur doch noch nachholen. Das hat er dann in der Schweiz getan, auf einer Schule, an der es wohl etwas menschlicher zuging. In seiner Abschlussarbeit schrieb er über seine weiteren Pläne: «Ich habe die Vorstellung, Hochschullehrer zu werden, auf dem Gebiet der theoretischen Naturwissenschaften. Die

Was ist die Relativitätstheorie?

Albert Einstein stellte sich schon als Jugendlicher vor, wie es wäre, auf einem Lichtstrahl zu reiten. Wie würde die Welt aussehen? Die Antwort fand er 1905 mit der Speziellen Relativitätstheorie, die die damalige Physik völlig auf den Kopf stellte. Danach kann nichts sich schneller durch den Raum bewegen als das Licht. Und bei Geschwindigkeiten in der Nähe der Lichtgeschwindigkeit passieren seltsame Dinge – zum Beispiel vergeht in einem schnell reisenden Raumschiff die Zeit langsamer als etwa auf der Erde.

1916 fand Einstein dann noch die Allgemeine Relativitätstheorie, in der er den Zusammenhang zwischen der Schwerkraft und dem Raum herstellte. Schwere Objekte wie Sterne können demnach Lichtstrahlen auf krumme Bahnen lenken! Einsteins berühmte Formel $E=mc^2$ stellt schließlich den Zusammenhang zwischen Energie (E) und Masse (m) her – sie sind erstaunlicherweise im Prinzip dasselbe.

Gründe dafür sind meine individuelle Neigung zu abstraktem und mathematischem Denken und mein Mangel an Fantasie.» Und dann entwickelte er die Relativitätstheorie – vielleicht die fantastischste Idee, die je ein Wissenschaftler hatte.

Wenn man mit einer Peitsche knallt, dann durchbricht das Ende der Peitschenschnur die Schallmauer

Wo steht eigentlich die Schallmauer, und aus was ist sie gemacht? Diese «Mauer» gibt es natürlich in Wirklichkeit nicht. Man sagt, dass zum Beispiel ein Flugzeug die Schallmauer durchbricht, wenn es schneller als der Schall fliegt. Der bewegt sich mit 330 Metern pro Sekunde fort, das sind 1188 Kilometer pro Stunde – ganz schön schnell also. Wenn das Flugzeug die Schallgeschwindigkeit erreicht, dann passiert etwas Seltsames: Es fängt an, seinen eigenen Schall zu überholen. Stell dir vor, ein solches Flugzeug käme auf dich zugeflogen. Dann erreicht dich der Lärm, den es vor zehn Sekunden gemacht hat, zum gleichen Zeitpunkt wie der vor neun, acht, sieben Sekunden und so weiter. Also sind alle Schallwellen auf einmal da, genau zu dem Zeitpunkt, an dem das Flugzeug über dir ist – und das gibt einen Mordsknall.

Das erste Ding, das ein Mensch auf Überschallgeschwindigkeit beschleunigt hat, war aber kein Flugzeug, sondern tatsächlich – eine Peitsche. Warum die doch eher langsame Handbewegung dazu führt, dass das Ende der Schnur so schnell wird, ist eine komplizierte physikalische Frage. Die Handbewegung erzeugt eine Welle, die durch die Peitsche durchläuft. Wenn die Peitschenschnur zum Ende hin immer dünner wird, dann wird die Welle immer schneller. Das Schnurende kann dann tatsächlich beliebig schnell werden. Wenn es die Schallmauer durchbricht, knallt es, im Prinzip genauso wie beim Flugzeug.

Wenn man einen Regenwurm zerschneidet, werden zwei daraus

Das machst du doch nicht wirklich, Regenwürmer zerschneiden, oder? Wissenschaftler haben es natürlich getan, um sich das Innere der Würmer anzusehen. Und haben dabei Folgendes herausgefunden: Der Regenwurm ist ein ganz schön kompliziertes Tier. Er besteht aus bis zu 180 ringförmigen Abschnitten, die aber durchaus nicht alle gleich sind. Deshalb kann man auch nicht beliebig viele davon wegschneiden. Und aus einem Regenwurm werden durch Zerteilung niemals zwei!

Es gibt nämlich am Kopfende des Wurms wichtige Teile, ohne die der Restkörper nicht leben kann. Ein paar Ringe könnte man dort theoretisch wegschneiden – der Rest des Wurms müsste sterben. Am Schwanzende dagegen kann man einiges abtrennen, das kann der Regenwurm wieder nachwachsen lassen. Je mehr man wegschneidet, desto schwieriger wird das aber.

Zusammengefasst gilt also: Würde man tatsächlich einen Regenwurm in der Mitte durchschneiden (was wir alle natürlich nicht tun), würde allenfalls das Kopfende überleben, das Schwanzende stirbt.

Das alles gilt jetzt für Regenwürmer. Aber Wurm ist nicht gleich Wurm: Es gibt auch noch die «niederen Würmer», die viel einfacher «gebaut» sind als der Regenwurm. Etwa die so genannten Strudelwürmer. Sie pflanzen sich fort, indem sie sich teilen. «So einen Wurm kann man im Extremfall durch ein Sieb passieren und erhält Hunderte neuer Würmer», hat mir ein Biologe erzählt. Guten Appetit!

Zucker ist ungesund

Zucker gehört zu den so genannten Kohlenhydraten. Die braucht unser Körper, weil sie Energie spenden. Zucker ist nicht nur in Süßigkeiten enthalten, sondern zum Beispiel auch in Obst. Andere Kohlenhydrate stecken wiederum in Getreide und müssen vom Körper erst einmal in Zucker verwandelt werden, bevor er sie nutzen kann (deshalb schmeckt zum Beispiel Brot süß, wenn man ganz lange darauf herumkaut). Generell ist Zucker also gar nichts Böses. Wieso hat er dann so einen schlechten Ruf?

Erster Vorwurf: Zucker macht dick. Dazu muss man sagen: Alle Nahrungsmittel machen dick, wenn man zu viel von ihnen isst. Wie dick etwas machen kann, darüber geben die Kalorien Auskunft, die in einem Lebensmittel enthalten sind. Ein Gramm Kohlenhydrate (also auch Zucker) enthält etwa vier Kalorien, ein Gramm Fett dagegen neun. Fett ist also der gefährlichere Dickmacher als Zucker.

Zweiter Vorwurf: Zucker schädigt die Zähne. In unserem Mund sitzen Bakterien, die den Zucker sehr gerne mögen. Wenn sie ihn verzehren, produzieren sie Säuren, die die Zähne angreifen und zu Karies führen. Wenn du ein besonders klebriges Bonbon isst, von dem Teile zwischen den Zähnen hängen bleiben, dann können die Bakterien natürlich in aller Seelenruhe anfangen, die schädliche Säure zu produzieren, und greifen damit den Zahnschmelz an.

Das bedeutet aber: Es ist ziemlich egal, welche Mengen an Süßigkeiten du auf einmal isst. Wenn du eine ganze Tafel Schokolade in dich hineinstopfst (bitte nicht machen!), schluckst du das meiste herunter, und es bleibt nachher genauso viel an den Zähnen hängen, als wenn du nur einen Riegel gegessen hättest. Das bedeutet aber: Nicht der Zucker allein ist für die schlechten Zähne verantwortlich. Es kommt darauf an, wie viel davon an den Zähnen kleben bleibt. Der Zucker in Limo zum Beispiel ist da ziemlich ungefährlich (es sei denn, ein Baby nuckelt ständig an einer Flasche mit Süßem und umspült seine Zähnchen die ganze Zeit damit). Und wer sich die Zähne nach süßen Mahlzeiten regelmäßig putzt, der wird auch nicht so schnell Probleme bekommen. «Ein sauberer Zahn wird nicht krank», sagen die Zahnärzte.

Spinat ist gesund, weil er besonders viel Eisen enthält

Magst du Spinat? Angeblich sollen ja die meisten Kinder die grüne Pampe eklig finden, aber es gibt auch viele, denen er richtig gut schmeckt. Aber wie dem auch sei: Du musst ihn jedenfalls nicht nur deshalb essen, weil er besonders viel Eisen enthält. Davon ist nämlich zum Beispiel in Schokolade viel mehr drin!

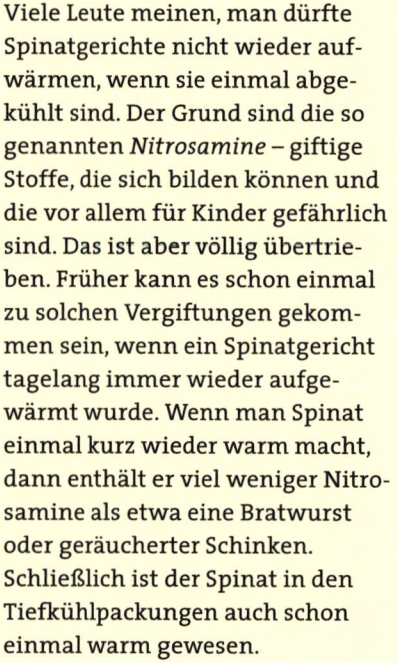

Nachgefragt

Darf man Spinat aufwärmen?

Viele Leute meinen, man dürfte Spinatgerichte nicht wieder aufwärmen, wenn sie einmal abgekühlt sind. Der Grund sind die so genannten *Nitrosamine* – giftige Stoffe, die sich bilden können und die vor allem für Kinder gefährlich sind. Das ist aber völlig übertrieben. Früher kann es schon einmal zu solchen Vergiftungen gekommen sein, wenn ein Spinatgericht tagelang immer wieder aufgewärmt wurde. Wenn man Spinat einmal kurz wieder warm macht, dann enthält er viel weniger Nitrosamine als etwa eine Bratwurst oder geräucherter Schinken. Schließlich ist der Spinat in den Tiefkühlpackungen auch schon einmal warm gewesen.

Aber zunächst mal zum Eisen: Unser Körper braucht zum Beispiel Eisen, um neue Blutzellen bilden zu können. Dazu hilft es allerdings nicht, Büroklammern oder Reißzwecken zu essen. Wir benötigen das Eisen in Form von Verbindungen mit anderen chemischen Elementen – und da sieht es überhaupt nicht metallisch aus. Deshalb kann man auch den Lebensmitteln nicht ansehen, wie viel Eisen sie enthalten.

Vor ungefähr hundert Jahren hat man begonnen, Lebensmittel zu untersuchen und zu bestimmen, wie viel von den lebenswichtigen Substanzen in ihnen enthalten ist. Und beim Spinat ist einem Wissenschaftler ein schwer wiegender Fehler unterlaufen: Er hat das Komma aus Versehen um eine Stelle nach rechts gerückt. So wurde die Zahl zehnmal so groß, und alle dachten, jetzt müsste man den Kindern ganz viel Spinat zu essen geben.

In den Jahrzehnten danach wurden Millionen Kinder zum Spinatessen gezwungen – weil's angeblich so gesund war. Im Jahr 1929 wurde sogar eine Comicfigur erfunden, die den Spinat populär machen sollte: Popeye, der Seemann. Der schluckte immer in gefährlichen Situationen eine Dose Spinat (damals gab es noch nicht die tiefgefrorenen Spinat-Briketts) und bekam dann übermenschliche Kräfte, mit denen er jeden Gegner besiegen konnte. In der Stadt Crystal City in Texas, in der sehr viel Spinat produziert wird, steht sogar ein Popeye-Denkmal. Die Inschrift besagt, dass nach der Erfindung des gezeichneten Seemanns in den USA dreimal so viel Spinat gegessen wurde wie vorher. Und das alles wegen eines Messfehlers! «Als Eisenquelle hätte Popeye besser die Dosen verzehrt», sagte ein Wissenschaftler, der sich mit dem Fall beschäftigt hatte.

Auch wenn das mit dem Eisen nicht stimmt – Spinat ist durchaus gesund und enthält viele Vitamine. Aber wenn er euch wirklich nicht schmeckt, dann fragt eure Eltern nach anderem Gemüse, zum Beispiel nach Broccoli.

Haare und Fingernägel wachsen nach dem Tod weiter

Eine schaurige Sache, die öfter schon einmal in Gruselgeschichten vorkommt. Da ist dann die Rede von Frauen, die mit kurzem Haar begraben wurden – und später, wenn jemand das Grab öffnet, quillt ihm eine wallende Haarpracht entgegen. Tatsächlich aber hören mit dem Tod eines Menschen alle Körperfunktionen spätestens nach ein paar Stunden auf, auch das Wachstum von Haaren und Fingernägeln.

Trotzdem kommt es oft vor, dass ein Verstorbener, der noch kurz nach dem Tod rasiert worden ist, nach zwei Tagen einen Stoppelbart hat. Der Grund dafür: Nicht die Barthaare wachsen weiter, sondern die Haut trocknet aus, schrumpelt ein, und die Bartstoppeln werden sichtbar. Dasselbe kann auch mit den Fingernägeln passieren.

Nachgefragt

Wie lang können Finger- und Fußnägel werden?

Im Gegensatz zu den Haaren, die immer nach einer gewissen Zeit aufhören zu wachsen und dann ausfallen, hören Finger- und Fußnägel wirklich erst mit dem Tod auf zu wachsen. Wenn man nicht schneiden würde, könnte jeder Fingernagel bei einem Wachstum von 3 mm pro Monat in 70 Jahren eine Länge von 2,50 m erreichen! Das hat wohl noch niemand geschafft, aber im «Guinness-Buch der Rekorde» ist das Foto eines Mannes, bei dem die fünf Nägel der linken Hand zusammen eine Länge von 6,15 m haben – allein der Daumennagel misst 1,42 m!

Motten fressen Löcher in die Kleidung

Wusstet ihr, dass Motten zu den Schmetterlingen gehören? Sie sind zwar nicht so farbenprächtig und schön wie die bunten Falter, aber sie sind deren engste Verwandte.

Vor den Motten, die man im Zimmer um die Lampe kreisen sieht, muss man keine Angst haben. Auch nicht um seine Klamotten: Die erwachsenen Motten fressen nämlich praktisch gar nichts – sie leben nur ein paar Tage, um sich fortzupflanzen.

Ihre Eier legen die Kleidermottenweibchen gern an dunkle Stellen, an denen sich Wollpullover oder Felle befinden. Denn wenn die kleinen Mottenraupen ausschlüpfen, brauchen sie eine Menge Nahrung, um sich fett zu fressen, sich zu verpuppen und schließlich in einen Falter zu verwandeln. Die Raupen sind es also, die die Löcher in die Kleidung fressen. Sie mögen übrigens nur tierische Fasern, also keine Baumwolle, kein Leinen und keine synthetischen Textilien. Auch Seide fressen sie nicht – vielleicht weil die aus den Fäden ihrer «Kollegen», der Seidenraupen, gemacht wird.

Wenn der Kleiderschrank einmal von Motten befallen ist, dann ist es gar nicht so leicht, die Plagegeister wieder loszuwerden. Denn die Eier der Motten sieht man kaum. Dagegen gibt es natürlich chemische Insektenvernichtungsmittel, aber Umweltverbände empfehlen eine sanftere Kur: So gibt es Duftstoffe wie Lavendel und Zedernholz, die wir Menschen angenehm finden, die für die Motte aber äußerst eklig riechen. Und wenn ein Pullover schon befallen, aber noch brauchbar ist, empfehlen die Umweltschützer, ihn eine Woche ins Tiefkühlfach zu legen – das überlebt kein Mottenei.

Es gibt Tiere mit Raketenantrieb

Tatsächlich nutzen sogar mehrere Tierarten das so genannte Rückstoßprinzip. Die Quallen gehören dazu, aber auch manche Muschelsorten. Die schnellsten «Unterwasserraketen» sind die Tintenfische. Sie benutzen diese Technik, um sich vor Feinden in Sicherheit zu bringen. Dabei saugen sie ihren Körper mit Wasser voll und pressen den Inhalt dann blitzschnell durch eine kleine Öffnung. So erreichen sie Geschwindigkeiten von mehr als zehn Stundenkilometern!

Die Öffnung, durch die das Wasser ausgestoßen wird, ist ein ringförmiger Muskel, der so genannte *Siphon* (hat nichts mit dem Abflussrohr unter der Spüle zu tun, das auch so bezeichnet wird). Dieser Siphon ist drehbar, sodass der Tintenfisch sich in fast jede Richtung bewegen kann.

Der Antrieb, den der Mensch bei Raketen, aber auch bei Jet-Booten einsetzt, ist einer der wenigen, die auch im luftleeren Weltall funktionieren. Denn es ist nicht etwa so, dass sich der austretende Wasser- oder Gasstrahl an der Umgebung «abdrückt». Das Prinzip funktioniert so: Im Tintenfisch (oder in der Rakete) herrscht ein Druck, der nach allen Seiten gleichmäßig wirkt. Nur dort, wo das Wasser oder Gas austritt, drückt nichts. Also wird der Druck auf die gegenüberliegende Seite durch keine Gegenkraft ausgeglichen, und das Ergebnis ist eine Bewegung in diese Richtung.

Schlangen können Kaninchen hypnotisieren

Die meisten von euch haben wahrscheinlich den Film «Das Dschungelbuch» gesehen. Darin kommt die Schlange Kaa vor, die den kleinen Menschenjungen Mowgli mit ihrem Blick so in ihren Bann zieht, dass er völlig willenlos wird und sie ihn einwickeln kann – im wahrsten Sinne des Wortes. Ihre Augen werden in dem Trickfilm zu großen Spiralen, die sich drehen, sodass der arme Junge seinen Blick gar nicht mehr abwenden kann.

Auch die Redensart «Wie ein Kaninchen vor der Schlange sitzen» beschreibt etwas Ähnliches: nämlich dass jemand in einer gefährlichen Situation wie gebannt vor einer Bedrohung sitzen bleibt, anstatt die Flucht zu ergreifen.

Aber wie sieht es in der Natur wirklich aus? Schlangen können nicht hypnotisieren. Ihr Blick ist tatsächlich ein bisschen starr und vielleicht Furcht erregend, aber das liegt vor allem daran, dass sie keine Augenlider haben und deshalb nicht blinzeln können.

Für das Kaninchen kann es durchaus eine gute Idee sein, erst einmal regungslos sitzen zu bleiben, wenn es eine Schlange bemerkt. Denn Schlangen haben keine besonders guten Augen, manche sind sogar fast blind, und wie viele andere Tiere reagieren sie besonders auf Bewegungen. Wenn sich nichts bewegt, kann es also gut sein, dass sie ihr Opfer übersehen. Dafür können sie aber zum Beispiel sehr gut riechen, und zwar witzigerweise mit der Zunge. Oder sie bemerken auch aus der Entfernung die Körperwärme eines anderen Tieres. Wenn die Schlange also einmal auf das Kaninchen aufmerksam geworden ist, sollte dieses schleunigst die Flucht ergreifen. In der Regel tut es das auch, wenn es kann.

Wenn man aus Spaß schielt, können die Augen stehen bleiben

Schielt, so viel ihr wollt – schaden wird es euch nicht, und wenn die Erwachsenen hundertmal das Gegenteil behaupten. Ich habe einen Augenarzt befragt, der seit über 30 Jahren schielende Kinder behandelt, und ihm ist noch kein solcher Fall vorgekommen, auch wenn sogar einige seiner Kollegen an die Legende glauben. Der Professor erzählt: «Es kommt vor, dass Eltern zu mir kommen und sagen: Das Kind schielt seit der Party zu seinem dritten Geburtstag.» In Wirklichkeit sei es den Eltern erst bei dieser Gelegenheit aufgefallen, dass ihr Kind einen leichten «Silberblick» hat. Denn es gibt auch Formen des Schielens, die nicht besonders auffällig sind.

Der Fachausdruck für das Schielen ist *Strabismus*. Die Ursachen können ganz verschieden sein: Oft wird die Anlage dazu einfach vererbt. Oder die Mutter ist während der Schwangerschaft an Röteln erkrankt. Der Fehler kann aber auch im Auge liegen und möglicherweise mit einer Brille korrigiert werden.

Je früher das Schielen erkannt wird, desto größer sind die Chancen, es zu behandeln und dem Kind wieder zu einem geraden Blick zu verhelfen. Deshalb sollte man schon Babys genau in die Augen schauen.

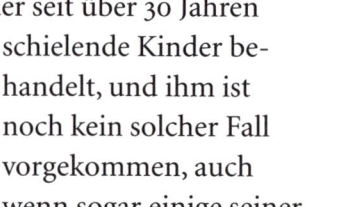

Berühmte Leute

Experten fürs Anti-Schiel-Training

Die niedersächsischen Schüler **Stefan Kallenberger** (18) und **Constanze Schmidt** (17) haben im Jahr 2001 beim Wettbewerb «Jugend forscht» den 1. Preis im Bereich Arbeitswelt gewonnen. Die beiden haben ein neues System erfunden, um das Schielen zu behandeln. Dabei sieht man auf dem Bildschirm eines Computers «Doppelbilder», die man durch Bewegen der Augen zusammenführen muss. So wird der «gerade Blick» trainiert. Als Trainingsbilder kann man nicht nur langweilige Symbole oder Buchstaben nehmen, sondern auch bewegte Filme. Dadurch ist das «Anti-Schiel-Training» auch noch unterhaltsam.

Übrig gebliebene Schokoladen-nikoläuse werden zu Osterhasen verarbeitet und umgekehrt

Schokonikolause werden in den Wochen vor Weihnachten verkauft und Osterhasen in den Wochen vor Ostern. Passiert es tatsächlich, dass die Schokoladenfirmen die Figuren einfach auspacken, in eine neue Alufolie wickeln und weiterverkaufen? Die Firmen schwören: Nein, das gibt es nicht. Ein Mitarbeiter sagte mir zum Beispiel, dass «in einer gut geführten Schokoladenfabrik keine Saisonartikel übrig bleiben». Das heißt: Die Firma weiß natürlich, dass sie in bestimmten Zeiten viele Nikolause und Osterhasen herstellen muss und in anderen wenig, und stellt sich darauf ein. Sie nimmt auch keine Schokofiguren von den Lebensmittelläden zurück – die müssen sehen, wie sie die übrig gebliebene Ware loswerden. Und deshalb sieht man oft kurz nach Weihnachten Schokolade zu Sonderpreisen im Laden. Viel wird auch an wohltätige Organisationen verschenkt. Es soll sogar so sein, dass in Ländern wie der Türkei, die ja mit unserem christlichen Weihnachtsfest nicht viel zu tun haben, im Januar Weihnachtssüßigkeiten aus Deutschland in den Läden auftauchen.

Was es tatsächlich gibt, sind Schokoformen, die je nach Folienverpackung wie ein Nikolaus oder wie ein Osterhase aussehen. Dabei geht es aber nicht darum, sie aus- und wieder einzupacken. Der Grund ist ein anderer: Die Gussformen, in denen die Figuren hergestellt werden, sind teuer. Der Hersteller spart Geld, wenn er dieselbe Form für unterschiedliche Figuren benutzen kann.

Piranhas können innerhalb weniger Minuten ein Rind bis auf die Knochen abnagen

Piranhas sind ziemlich kleine Fische, die in den Gewässern des Amazonasgebiets in Südamerika leben. Sie verfügen über ein relativ großes Maul mit sehr spitzen und scharfen Zähnen – so scharf, dass Piranha-Gebisse von manchen Bewohnern dieser Region sogar zum Rasieren benutzt werden. Ein einzelner dieser Fische kann einem großen Tier oder einem Menschen ganz schön weh tun. Es gibt Berichte von Fischern, die eine Fingerkuppe verloren, als sie einen Piranha aus dem Netz zogen. Wirklich lebensgefährlich war das aber nicht.

Von Piranha-Schwärmen dagegen gibt es die abenteuerlichsten Geschichten. Zum Beispiel diese: «Als mein Vater erst fünfzehn Jahre alt war, floh er vor angreifenden Indianern in einem kleinen, gebrechlichen Kanu. Das Boot kippte um, und er entkam schwimmend, als er aber dem Wasser entstieg, war er nur noch ein Skelett; später konnte ihm das nicht mehr passieren.» Diese witzig gemeinte Geschichte soll der Südamerikakenner Harald Schultz erzählt haben, auch «Indianer-Schultz» genannt.

In Wahrheit sind Piranhas längst nicht so blutrünstig, wie sie immer dargestellt werden. Das fängt schon damit an, dass die meisten Piranha-Arten gar kein Fleisch fressen, sondern Vegetarier sind. Und die Fleischfresser ernähren sich hauptsächlich von kleineren Fischen. Vor großen Tieren und Menschen haben sie eher Angst. Es ist kein einziger Fall bekannt, in dem Piranhas einen Menschen getötet hätten. Tote Körper werden sie allerdings anknabbern, und dann geht es auch ganz schön wild zu im Wasser. Die Fische signalisieren sich gegenseitig, dass es was zu fressen gibt, und dann stürzt sich der ganze Schwarm auf die Beute. Das Abnagen geht bei einer Kuh aber nicht in Minuten, sondern dauert viele Stunden bis Tage. Vom Rio Orinoco wird erzählt, dass dort in Hochwasserzeiten, wenn das Land überschwemmt ist, die Menschen «bestattet» werden, indem man den Leichnam ins Wasser wirft und von Piranhas abknabbern lässt. Nur die Knochen bleiben übrig, und die werden dann ordentlich begraben, wenn der Wasserspiegel wieder gesunken ist.

Trotzdem – eine gewisse Vorsicht ist schon angebracht, wenn man ins Amazonasgebiet reist. Vor allem in Trockenzeiten, wenn die Wassertümpel schrumpfen, sodass die Fische mit wenig Nahrung eng aufeinander hocken, können sie schon einmal ein bisschen angriffslustiger sein. Und wenn sich ein Schwarm gerade mit Fresslust auf einen Kadaver stürzt, sollte man auch nicht in der Nähe baden – man will ja nicht verwechselt werden.

Elektroautos sind umweltfreundlicher als Benzinautos

Nachgefragt

Gibt es Autos, die ihre Energie direkt von der Sonne bekommen?

Ja, die so genannten Solarmobile. Die haben großflächige Solarzellen auf dem Dach und wandeln so das Sonnenlicht direkt in Strom um (sie haben zwar eine Batterie, aber die dient nur zum Zwischenspeichern des Stroms). Allerdings ist man mit ihnen in Deutschland nicht sehr mobil: Wenn es bedeckt ist, reicht die Sonnenenergie nicht zum Fahren aus. In sonnigen Ländern wie Australien aber funktionieren die kleinen Flitzer gut. Dort findet alle paar Jahre ein 3000-Kilometer-Rennen für Solarmobile statt, das «World Solar Challenge». Das schnellste Fahrzeug schaffte diese Strecke 1996 mit einer Durchschnittsgeschwindigkeit von 89,76 Kilometern pro Stunde.

So ein Elektroauto ist schon etwas Feines, vor allem im Stadtverkehr: Es ist leise und stößt keine stinkenden Abgase aus. Eine saubere Sache. Und für die Umwelt ist es auch besser. Oder etwa nicht?

Leider ist die Sache nicht ganz so einfach. Die Elektroflitzer brauchen natürlich auch Energie, um zu fahren. Die kriegen sie aus schweren, wiederaufladbaren Batterien. Und wie kommt der Strom in die Batterien? Aus der Steckdose natürlich. Und in die Steckdose kommt er aus einem Kraftwerk. Davon gibt es sehr unterschiedliche Sorten: So genannte regenerative Energien wie Wasserkraft oder Sonnenenergie sind die saubersten, da sie praktisch überhaupt keine Abgase erzeugen. Atomkraftwerke sind zwar auch sauber, aber da gibt es ein riesiges Problem: Wohin mit dem strahlenden Abfall? Außerdem haben viele Leute Angst vor einem möglichen Unfall mit verheerenden Folgen ähnlich wie in Tschernobyl 1986. Der größte Teil unserer elektrischen Energie wird immer noch in Kohlekraftwerken erzeugt: Kohle wird verbrannt, und die Wärme treibt Turbinen an, die Strom erzeugen.

Letztlich wird also sowohl für Benzinautos als auch für Elektroautos etwas verbrannt, das Abgase erzeugt. Das eine Mal direkt im Motor, das andere mal irgendwo draußen in einem Kraftwerk. Jetzt kann man vergleichen, was mehr Energie verbraucht und mehr Abgase von welcher Sorte produziert. Um die

Umweltschädlichkeit aber richtig zu beurteilen, darf man nicht nur berechnen, was die Autos beim Fahren verbrauchen. Wenn man einen Wagen im Autowerk baut und die zugehörigen Batterien herstellt, benötigt man dafür ja auch bereits viel Energie und Rohstoffe. Und man muss berücksichtigen, wie man das alles am Ende entsorgt. Eine solche Aufstellung aller Einzelheiten eines «Autolebens» nennt man eine «Ökobilanz». Eine ziemlich komplizierte Sache, und das Ergebnis hängt oft davon ab, wer die Ökobilanz erstellt. Bei einem Großversuch, der in den letzten Jahren auf der Insel Rügen gemacht worden ist und an dem die großen Autohersteller beteiligt waren, kam heraus, dass Elektroautos unter Umständen sogar eine schlechtere Ökobilanz haben als Benzinwagen. Andere Wissenschaftler kommen zu anderen Ergebnissen. Insgesamt kann man aber sagen: Elektro ist nicht automatisch besser als Benzin.

Verschluckte Apfel- und Apfelsinen-kerne können zu einer Blinddarm-entzündung führen

Der Blinddarm ist ein Stück Darm ohne Ausgang zum Dünn- oder Dickdarm. Was sich bei einer Blinddarmentzündung entzündet, ist eigentlich nicht der Blinddarm, sondern der so genannte *Appendix* oder «Wurmfortsatz». Das ist ein kleiner Seitengang des Blinddarms. Wenn der sich entzündet, muss er durch eine Operation entfernt werden. Zurück bleibt die bekannte Blinddarmnarbe.

Der Eingang zum Appendix ist allerdings winzig klein – so etwa zwei bis drei Millimeter. Deshalb gerät normalerweise auch nichts in diesen Darmanhang hinein. Für Kirschkerne ist der Gang schon zu eng, Apfelkerne könnten theoretisch durchpassen. Trotzdem sagen Fachärzte, dass die Gefahr verschwindend gering ist. Blinddarmentzündungen entstehen meist durch andere Dinge, die sich im Appendix festsetzen, etwa so genannte Kotsteine oder auch Würmer. Wer will, kann also die Apfelkerne ruhig mitessen, sie werden kaum zu einer Entzündung führen. Kleinen Kindern sollte man die Äpfel nicht mit Kernen zu essen geben – aber nicht wegen des Blinddarms, sondern weil sie daran ersticken könnten.

Nachgefragt

Wozu ist der Blinddarm gut?

Bei Fleisch- und Mischfressern wie uns Menschen ist der Blinddarm nur klein und der Appendix ein winziges Würmchen. Im Blinddarm bilden sich für die Verdauung wichtige Bakterien. Aber wozu der Wurmfortsatz wirklich nötig ist, weiß eigentlich keiner so genau. Deshalb fehlt einem nach einer Blinddarmoperation auch nicht wirklich etwas. Andere Lebewesen haben einen sehr großen Blinddarm – Kühe etwa oder auch Nagetiere wie Hasen. Bei denen findet im Blinddarm tatsächlich eine besondere Verdauung statt. Der Hasen-Blinddarm bildet sogar ein Drittel des gesamten Verdauungsapparats.

Ein Apfel ersetzt das Zähneputzen

Hast du schon einmal eine Situation erlebt, wo wirklich keine Zahnbürste greifbar war? Wenn das wirklich mal passiert, ist vielleicht ein Apfel besser, als sich gar nicht die Zähne zu putzen. Ansonsten putzt man sich die Zähne mit Zahnbürste und Zahnpasta. Basta!

Äpfel enthalten erstens Zucker und zweitens Säure. Der Zucker wird von den Bakterien in deinem Mund gefressen, heraus kommt noch einmal Säure. Die beiden Säuren greifen den Zahnschmelz an. Das Apfelkauen kann zwar die Zahnoberflächen sauber schrubben, aber an die wirklich gefährlichen Stellen am Rand zwischen Zahn und Zahnfleisch und in den Zwischenräumen kommt man damit nicht heran. Im Gegenteil: Dort können sich noch Apfelstückchen festsetzen, und dann haben die Bakterien die ganze Nacht Zeit, ihre zerstörerische Arbeit zu verrichten. Keine gute Idee also.

Nachgefragt

Ist Vollkornbrot besser für die Zähne als Weißbrot?

Ja und nein. Bei Vollkornbrot muss man mehr kauen als bei Weißbrot. Dadurch wird die Kiefer- und Backenmuskulatur besser trainiert. Aber was die Karies angeht, so haben Versuche mit Ratten ergeben, dass Vollkornbrot eher zu Löchern in den Zähnen führt als weißes. Die vielen zusätzlichen Nährstoffe im Vollkornbrot sind offenbar nicht nur für den Menschen nahrhaft, sondern auch für die Bakterien im Mund. Vor allem aber ist der Brotaufstrich wichtig: Das schlechteste Ergebnis hatte bei den Experimenten Vollkornbrot mit Gelee.

Elefanten haben Angst vor Mäusen

Es gibt ja viele Witze mit Elefanten und Mäusen (zum Beispiel den: Gehen ein Elefant und eine Maus durch die Wüste. Aus Versehen tritt der Elefant auf die Maus. «Oh, Entschuldigung!» – «Macht nix, kann mir doch auch mal passieren!»). Vielleicht liegt das daran, dass die Tiere beide grau sind, aber ansonsten sehr verschieden. Aber eigentlich haben sie keine besondere Beziehung zueinander – weder eine besonders freundschaftliche noch eine besonders feindliche. Die starken Elefanten haben überhaupt keine Feinde in der Natur (außer dem Menschen, der Jagd auf sie macht). Sie haben auch keine Angst, dass ihnen kleine Tiere in den Rüssel kriechen könnten. Der Tierforscher Bernhard Grzimek (sprich: Dschimek) hat einmal den Test gemacht und Elefanten und Mäuse zusammengebracht. Das Ergebnis: Die Dickhäuter beschnupperten die kleinen Nager neugierig mit weit geöffnetem Rüssel – und versuchten dann, auf ihnen herum-

zutrampeln. Also nicht gerade ein Zeichen von Angst. Vor Kaninchen und Dackeln hatten sie dagegen mehr Respekt.

Nachgefragt

Haben Elefanten ein besonders gutes Gedächtnis?

Eine Legende sagt, dass Elefanten nichts vergessen, besonders wenn ihnen jemand einmal etwas Böses getan hat. Dann rächen sie sich angeblich noch nach Jahren dafür. Elefanten haben zwar die größten Gehirne von allen Landtieren und sind ganz gewiss nicht dumm, Es gibt aber keine Anzeichen dafür, dass sie Dinge länger im Gedächtnis behalten als andere Tiere. Auch ein Hund erinnert sich noch nach langer Zeit an jemanden, der ihn gequält hat.

Anhand der Zeit zwischen Blitz und Donner kann man feststellen, wie weit ein Gewitter entfernt ist

Man sieht den Blitz immer, bevor man den Donner hört. Das liegt daran, dass der Schall sich viel langsamer ausbreitet als das Licht. Sogar sehr viel langsamer: Das Licht legt in einer Sekunde 300 000 Kilometer zurück, also fast die Strecke von der Erde zum Mond. Der Schall dagegen schafft in der Luft nur eine Strecke von 330 Metern, er ist also eine Million mal langsamer. Bis zum Mond kommt er sowieso nie, weil er sich im luftleeren Raum überhaupt nicht ausbreiten kann.

Wenn ihr einen Blitz seht, dann braucht das Licht also nur einen winzigen Sekundenbruchteil bis zu eurem Auge. Der Schall dagegen braucht für einen Kilometer ziemlich genau drei Sekunden. Wenn ihr also nach dem Blitz anfangt, langsam zu zählen («… einundzwanzig, zweiundzwanzig, dreiundzwanzig …») und die Zahl der Sekunden bis zum Donner durch drei teilt, dann wisst ihr, wie viele Kilometer das Gewitter noch von euch entfernt ist. Und wenn es schon bei «einundzwanzig» knallt, dann geht besser schnell ins Haus!

Zahlen & Rekorde

Schneller als der Schall

Der Schall ist nicht immer gleich schnell – es kommt drauf an, durch welches Material er sich bewegt. Im luftleeren Weltraum kann er sich überhaupt nicht fortpflanzen. Hier findet ihr die Schallgeschwindigkeit für einige Materialien aufgelistet:

Glas	5600 Meter pro Sekunde
Eisen	5000 Meter pro Sekunde
Kupfer	3560 Meter pro Sekunde
Blut	1570 Meter pro Sekunde
Wasser	1440 Meter pro Sekunde
Luft	330 Meter pro Sekunde

Chinesen und Japaner haben Probleme mit der Aussprache der Buchstaben L und R

Dass die verschiedenen Sprachen unterschiedliche Laute haben, ist euch wahrscheinlich auch schon aufgefallen. Manche Laute wie «A» oder «O» gibt es in praktisch jeder Sprache. Andere dagegen nur in manchen. Wir Deutschen haben zum Beispiel Schwierigkeiten mit dem englischen «th», das es bei uns nicht gibt, oder mit den so genannten Nasal-Lauten im Französischen. Da machen sich die anderen schon einmal darüber lustig, dass wir das englische Wort «this» («dieses») wie «sis» aussprechen oder das französische «bon» («gut») wie «bong». Dafür haben die Engländer kein «ch» und die Franzosen kein «h», und entsprechend komisch klingt es, wenn sie unsere Wörter auszusprechen versuchen, in denen diese Laute vorkommen, zum Beispiel «'aus» für «Haus».

Ähnlich ist das Problem mit dem L und dem R für die Asiaten. Fangen wir mit den Chinesen an: In ihrer Sprache gibt es das ganz normale L, das wir auch haben. Aber ein richtiges R gibt es nicht. Am nächsten dran ist noch ein Laut, den du dir am besten als ein Mittelding zwischen dem englischen R und dem J vorstellst, so wie es in dem deutschen Wort «Journalist» vorkommt. Kriegst du das hin? So klingt es meistens, wenn Chinesen versuchen, ein R zu sprechen.

Bei den Japanern ist das Problem noch schlimmer: Sie haben nämlich nur einen

Laut, der irgendwo zwischen L und R liegt. Kennst du das so genannte Zungen-R, das in Südeuropa gesprochen wird, aber auch in Bayern? Bei dem die Zunge immer so lustig rollt. Viele Norddeutsche können dieses R gar nicht aussprechen. Wenn jetzt die Zunge nur einmal anschlägt, anstatt zu trällern, dann bekommt man so ungefähr den japanischen L/R-Laut.

Weil sie nur diesen einen Laut haben, verwechseln manche Japaner, die eine europäische Sprache sprechen, ständig L und R. Das führt denn zu lustigen Ergebnissen: So ist zum Beispiel in Japan tatsächlich ein Fachbuch auf Deutsch erschienen mit dem Titel «Deutsche Riteratur».

Man soll Joghurtdeckel nicht ablecken, weil sie mit giftigen Stoffen beschichtet sind

Da gibt es so einiges, was angeblich an den Deckeln klebt: Antibiotika, Konservierungsstoffe, lösliches Gift aus dem Aludeckel. Alles Blödsinn! Das Abschlecken sieht vielleicht nicht besonders appetitlich aus, aber schädlich ist es auf keinen Fall.

Es gibt nämlich für die Verpackung von Lebensmitteln – und der Deckel gehört ja zur Verpackung – sehr strenge Bestimmungen. Grundsätzlich ist es so, dass von der Verpackung nichts in das Lebensmittel gelangen darf, was auch sonst nicht für die Nahrung zugelassen ist. Das zuständige Gesetz heißt «Lebensmittel- und Bedarfsgegenständegesetz», abgekürzt LMBG. Und darin steht, dass man keine Verpackungen verwenden darf, von denen fremde Stoffe ins Lebensmittel gelangen, «… ausgenommen gesundheitlich, geruchlich und geschmacklich unbedenkliche Anteile, die technisch unvermeidbar sind». Außerdem werden für einige Stoffe noch Grenzwerte festgelegt. Jegliche Schadstoffe oder Medikamente zur Konservierung wären aber eindeutig gesundheitlich höchst bedenklich.

Vielleicht stammt das Gerücht ja von Erwachsenen, die es gestört hat, wenn Kinder mit rausgestreckter Zunge genüsslich die Deckel abschlecken.

Wenn man warmes Brot isst, bekommt man Bauchschmerzen

Mögt ihr auch wahnsinnig gerne warmes Brot frisch vom Bäcker, in das man am liebsten noch auf dem Heimweg herzhaft hineinbeißt? Und dann sagen eure Eltern: «Du sollst das warme Brot nicht essen, das gibt Bauchschmerzen!»

Die Warnung hat folgenden Hintergrund:

Die kleinen Löcher oder Poren im Brotlaib entstehen dadurch, dass im Teig Mikroorganismen sind, etwa Hefepilze, die Gase erzeugen. Würdest du den Teig roh essen, dann würden sie ihr Gas auch in deinem Magen erzeugen. Und davon kannst du tatsächlich Bauchschmerzen bekommen. Beim Backen wird das Brot aber so heiß, dass die winzigen Lebewesen alle getötet werden. Es gärt also nichts weiter, egal ob das Brot warm oder kalt ist. Nur sehr empfindliche Menschen kriegen davon Beschwerden. Die meisten finden frisches Brot einfach nur sehr lecker.

Den Grund für dieses Märchen hat mir ein Wissenschaftler von der Bundesanstalt für Getreideforschung erzählt: Früher gab es nämlich ein richtiges Brotgesetz, und darin stand eine Bestimmung, nach der Brot erst am Tag nach der Herstellung verkauft werden durfte. Das Gesetz stammt aus der Zeit während des Zweiten Weltkriegs, einer Zeit, in der viele Nahrungsmittel knapp waren. Die Vermutung ist: Die Regierung wollte damit verhindern, dass die Leute sich den hungrigen Bauch mit dem frischen, weichen Brot voll schlugen. Einen Tag später war es härter, man musste mehr kauen, und die knappen Vorräte reichten länger.

Schweiß stinkt

Schweiß ist nicht gleich Schweiß. Der Mensch hat zwei Sorten von Schweißdrüsen, nämlich die *ekkrinen* und die *apokrinen*. Die ekkrinen Drüsen sorgen für den typischen Schwitz-Schweiß, etwa auf der Stirn, aber auch fast überall sonst am Körper. Dieser Schweiß besteht vorwiegend aus Wasser und Salzen, aber auch noch aus Spuren von anderen Stoffen, die der Körper auf diese Weise elegant loswird. Und er riecht nach gar nichts. Wenn an die feuchten Stellen Luft kommt, dann trocknet er einfach weg. Das war's dann. Wenn keine Luft drankommt, etwa wenn schwitzende Füße in Socken und Schuhen stecken, dann machen sich Bakterien, die auf unserer Haut siedeln, über diese leckere Nahrung her. Es sind die Ausscheidungen der Bakterien, die tatsächlich schlecht riechen. Ergebnis: Käsefüße!

Die apokrinen Drüsen befinden sich immer an den Haarwurzeln. Mit der Pubertät bekommen Jugendliche zum Beispiel Haare unter den Armen, und dort sitzen dann auch diese Drüsen, die eine ganz andere Art von Schweiß absondern. Er ist eher fettig und schmierig. Und er enthält eine Menge «Duftstoffe», die den persönlichen Geruch eines Menschen ausmachen. Aber stinken kann man das immer noch nicht nennen. Auch hier entstehen wirklich üble Gerüche erst, wenn Bakterien den Schweiß zersetzen. Allerdings ist dieser Schweiß viel nahrhafter als der wässrige, und deshalb stinkt es auch schneller. Gegen den unangenehmen Geruch gibt es Deos, die entweder den Gestank über-

Nachgefragt

Warum strecken Hunde die Zunge raus, wenn sie schwitzen?

Uns mag das Schwitzen manchmal unangenehm sein, und manchmal führt es auch zu üblen Gerüchen – aber es ist ein sehr guter Kühl-Mechanismus. Wenn die Hautoberfläche feucht ist, verdunstet Wasser. Zum Verdunsten braucht das Wasser Wärmeenergie, die es dem Körper entzieht. Die Folge: Der Körper kühlt ab.

Während wir überall am Körper Schweißdrüsen haben, besitzen Hunde nur welche an den Pfoten. Die ganze restliche Körperoberfläche können sie also nicht zum Kühlen nutzen. Deshalb machen sie das Maul auf und lassen die Zunge raushängen, damit zusammen mit den Pfoten die Oberfläche möglichst groß ist. Und zusätzlich hecheln sie – so wird die Verdunstung noch verbessert, wie mit einem Ventilator, und die Kühlwirkung ist größer.

decken oder aber die Schweißproduktion behindern. Manche Menschen, die besonders stark schwitzen, müssen sich sogar die Achselhaare entfernen lassen, damit sie noch unter Leute gehen können.

Der Weihnachtsmann
ist eine Erfindung von Coca-Cola

Gemeint ist natürlich nicht der Weihnachtsmann an sich, sondern das Aussehen, das er heute fast überall hat: ein dicker, fröhlicher alter Mann mit weißen Haaren und Bart, rot-weißem Mantel und rot-weißer Mütze. Die Farben erinnern ja tatsächlich an das Etikett der Coca-Cola-Flaschen.

Früher haben sich die Kinder den Weihnachtsmann ganz anders vorgestellt. Der heilige Nikolaus, von dem die Figur abstammt, wurde immer als ein hoch gewachsener, ernster Bischof dargestellt, mit Gewändern in ganz unterschiedlichen Farben. Erst in Amerika wandelte sich das Bild: Vor ungefähr 180 Jahren wurde der Nikolaus erstmals von einem Dichter als kleines Dickerchen beschrieben. Ein paar Jahrzehnte später tauchten dann Illustrationen auf, damals noch in schwarzweiß, auf denen er dem heutigen Weihnachtsmann schon ziemlich ähnlich sah.

Erst vor 80 Jahren schließlich wurde Rot-weiß zur Standardausstattung des Weihnachtsmanns. Und das passte eher zufällig zu den Coca-Cola-Farben. Die Brausefirma begann dann im Jahr 1931, jeweils zur Weihnachtszeit Anzeigen mit dem rot-weißen, Cola trinkenden Nikolaus zu veröffentlichen. Die Idee ist also nicht von ihr, aber sicherlich hat die jährliche Werbung zur Verbreitung des Einheits-Weihnachtsmanns beigetragen.

Es gibt Vögel, die rückwärts fliegen können

Kolibris sind die kleinsten Vögel der Welt, und sie können nicht nur rückwärts fliegen, sondern auch seitwärts. Außerdem beherrschen sie die Kunst, auf der Stelle zu schwirren wie ein Hubschrauber. Diese Fähigkeit brauchen sie, wenn sie im Flug vor einer Blüte «stehen bleiben» und ihre langen Schnäbel hineinstecken, um den Nektar herauszusaugen. Es gibt Arten, die über 20 Zentimeter groß werden, aber auch einen Mini-Kolibri, der nicht größer ist als eine Hummel und nur zwei Gramm wiegt.

Um so akrobatisch fliegen zu können, müssen die Kolibris bis zu fünfzigmal pro Sekunde mit ihren Flügeln schlagen – das ist so schnell, dass das menschliche Auge das gar nicht mehr erkennen kann. «Schwirrflug» nennt sich diese Technik. Die Flügel stehen dabei nie still wie bei anderen Vögeln, sondern sind ständig in Bewegung. Außerdem beschreiben sie eine Figur, die einer quer gelegten 8 ähnelt. Gehen die Flügel nach hinten, dreht das Vögelchen die Unterseite nach oben. Du kannst ja mal probieren, diese komplizierte Figur mit den Armen zu beschreiben. Und dann stell dir vor, dass ein Kolibri das fünfzigmal pro Sekunde macht! Ganz schön anstrengend. Dabei schlägt das Kolibriherz bis zu tausendmal pro Minute.

Adlige haben blaues Blut

Nachgefragt

**Wer waren
die Mauren?**

Im 7. Jahrhundert breitete sich der
Islam von der Arabischen Halb-
insel über ganz Nordafrika aus. Im
Jahr 711 n. Chr. schließlich fielen
die maurischen Krieger auch in
Spanien ein und eroberten fast das
ganze Land. Unter der maurischen
Herrschaft wurden die Christen
und Juden aber nicht unterdrückt,
sie durften ihre Religion weiter
ausüben. Und Kultur und Wissenschaft blühten auf. Während nämlich in den christlichen Kulturen
im Mittelalter wissenschaftlich
nicht viel los war, waren bei den
Arabern zum Beispiel die Astrono-
mie und die Mathematik sehr weit
entwickelt. Davon zeugen heute
noch arabischstämmige Wörter
wie Algebra und Alchemie. Die
maurische Herrschaft endete 1492
– endlich hatte der spanische Kö-
nig wieder Zeit für andere Dinge,
und noch im selben Jahr schickte
er Kolumbus auf seine historische
Schiffsreise, auf der er Amerika
«entdeckte» (siehe Seite 38).

Also, zunächst einmal haben wir alle blaues
Blut, oder zumindest bläuliches. Der Blut-
kreislauf ist dazu da, den Körper mit Sauerstoff zu versorgen. Auf dem «Hinweg» ist das
Blut reich an Sauerstoff und hat eine sehr helle rote Farbe (die entsprechenden Adern heißen Arterien). Auf dem «Rückweg», wenn
der Lebenssaft sauerstoffarm ist, wird es eher
dunkelrot bis lilafarben, mit ein bisschen
Phantasie auch blau (die Adern, in denen das
Blut fließt, heißen dann Venen).

Aber natürlich fließt in den Adern von
adligen Menschen, also Königen, Fürsten und
den Leuten, die heute noch ein «von» in
ihrem Namen tragen, das gleiche Blut wie in
deinen. Es sind nämlich eigentlich ganz normale Menschen, und sie sind auch in
Deutschland nach dem Gesetz nichts Beson-
deres mehr. Die meisten haben nicht einmal
ein Schloss.

Woher kommt also der Ausdruck «blau-
blütig»? Den Begriff haben die Deutschen
von den Spaniern übernommen, bei denen
heißt blaues Blut *sangre azul*. Spanien war vor
einigen hundert Jahren von den Mauren be-
setzt, einem arabischen Volk, das aus dem
Süden, genauer aus Afrika gekommen war.
Die Mauren hatten eine dunklere Haut als die
Europäer. Und sie haben wahrscheinlich die-
sen Ausdruck geprägt, weil sie ganz erstaunt waren, dass man
durch die helle Haut der «Weißen» die blau scheinenden Adern
so gut sehen konnte.

So richtig weiß waren damals aber nur die Adligen, die nicht arbeiten mussten und sich meistens in Gebäuden oder zumindest im Schatten aufhielten. Einfache Menschen arbeiteten viel in der Sonne und wurden dadurch kräftig braun. Anders als heute, wo viele Leute in der Sonne liegen oder ins Solarium gehen, um «knackig braun» zu werden, galt es damals als besonders schön und vornehm, wenn die Haut so weiß wie möglich war. Die feinen Damen achteten sehr darauf, dass möglichst kein Sonnenstrahl sie direkt traf.

Im Tierreich gibt es übrigens tatsächlich richtige Blaublüter – etwa die Krebse. Das liegt daran, dass ihre Blutkörperchen, die bei uns für die rote Farbe sorgen, Kupfer statt Eisen enthalten und deshalb blau sind. Und Mister Spock aus der Serie «Raumschiff Enterprise» hat als Vulkanier grünes Blut!

Eintagsfliegen leben nur einen Tag

Von den Eintagsfliegen gibt es weltweit etwa 2800 Arten, 110 davon in Europa. Sie haben einen seltsamen Lebenszyklus: Sie leben nämlich die meiste Zeit ihres Lebens als Larve im Wasser. Das ist so, als wenn der Mensch 80 Jahre als Baby und Kind zubringen würde und dann nur für ein paar Monate erwachsen wäre.

Die Larven der Eintagsfliege sind keine Raupen, sondern sehen der fertigen Fliege schon ziemlich ähnlich. Sie werden auch Nymphen genannt. Fliegen können sie nicht, sondern sie bewegen sich mit ihren Schwanzborsten im Wasser fort. In diesem Stadium verbringen sie mehrere Monate bis ein Jahr, dann häuten sie sich mehrmals und werden zum flugfähigen Insekt.

Die fertigen Fliegen haben nur verkümmerte Esswerkzeuge, denn sie müssen in der kurzen Lebenszeit, die ihnen noch bleibt, nichts mehr fressen. Die Weibchen leben noch etwa zwei bis drei Wochen, aber bei den Männchen kann man den Namen der Art wörtlich nehmen: Sie schwärmen einen Tag lang herum, manchmal nur ein paar Stunden, bis sie ein Weibchen finden und sich paaren können. Dann fallen sie tot zu Boden. Die Weibchen legen dann die Eier nahe am Wasser ab, und der ganze Kreislauf kann von vorn beginnen.

Man atmet immer nur durch ein Nasenloch

Seit über 100 Jahren ist bekannt, dass der Mensch einen so genannten «nasalen Zyklus» hat. Seitdem sind sich die Experten einig, dass die meisten Menschen vorwiegend nur durch ein Nasenloch atmen. Dabei ist das andere nicht ganz zu. Im Gegenteil: Die beiden Löcher wechseln sich regelmäßig ab und zwar etwa jede Stunde. Es kann auch ein bisschen länger dauern.

Allerdings gibt es heute auch Forscher, die an dieser These zweifeln. Offenbar ist es gar nicht so leicht, das zu überprüfen, denn es ist schwer, den Luftstrom in der Nase zu messen, ohne das Nasenloch gleich zu verstopfen. Neuere Untersuchungen haben nur bei einem kleinen Teil der Versuchspersonen ein richtig schön regelmäßiges Hin und Her der Nasenlöcher finden können. Bei vielen ging nur ein Loch auf und zu, während das andere offen war. Es gab sogar Leute, bei denen beide Nasenlöcher gleichzeitig auf und zu gingen.

Und warum veranstalten die Nasenlöcher überhaupt dieses seltsame Hin und Her? Auch darüber weiß man nicht sehr viel. Die einfachste Erklärung: Die Nasenlöcher haben Schwerarbeit zu leisten bei der Reinigung der Atemluft und der Abwehr von Krankheitserregern. Und da ist es gut, wenn sich der eine Kanal ausruhen kann, während der andere arbeitet.

Es verdirbt die Augen, wenn man zu dicht vor dem Fernseher sitzt

Kennt ihr das? Ein Film war so spannend, dass ihr regelrecht in den Bildschirm reingekrochen seid? Die Sorge der Eltern, ihr würdet euch dabei die Augen verderben, ist unbegründet – der Fernsehschirm hat eine ähnliche Röhre wie ein Computermonitor, bei dem man ja auch nahe davor sitzt.

Die Frage ist nur: Warum sitzen manche gern so nah am Fernseher? Beim Computer ist das sinnvoll, weil er viel mehr Bildpunkte (so genannte «Pixel») hat als ein Fernseher, sodass man von nahem wirklich mehr sieht. Beim TV-Bildschirm habt ihr sicherlich auch schon mal gemerkt, dass man aus der Nähe die einzelnen Pünktchen erkennen kann (wenn man ganz genau hinschaut, sieht man sogar, dass ein «weißer» Punkt in Wirklichkeit aus drei Punkten besteht – einem blauen, einem grünen und einem roten). Man sieht also aus der Nähe nicht mehr, als wenn man ein paar Schritte vom Fernseher entfernt ist.

Übrigens: Egal ob Riesenfernseher oder Minigerät – alle Bildschirme haben gleich viel Pixel. Bei den großen Geräten sind sie halt größer, und man kann auch von weitem alle Einzelheiten des Bildes erkennen.

Nachgefragt

Kommen aus dem Fernseher gefährliche Strahlen?

Im Innern der Bildröhre eines Fernsehers findet ein wahres Strahlenfeuerwerk statt: Dort werden Elektronen (das sind kleine Elementarteilchen) von einer Strahlenkanone auf die Rückseite des Bildschirms geschossen. Dort sorgen sie dafür, dass die Bildpunkte aufleuchten. Allerdings kommt keines der Elektronen durch das Glas der Bildröhre hindurch. Auch die Röntgenstrahlen, die beim Auftreffen entstehen, werden abgeschirmt. Außer dem Licht sendet der Fernseher aber noch ein paar harmlosere Strahlen und Felder aus. Wer einen Abstand von zwei Metern vom Bildschirm einhält, der muss vor schädlichen Strahlen keine Angst haben – höchstens vor schädlichen Sendungen!

Bei mehr als 42 Grad Fieber stirbt man

Vielleicht hast du das auch schon mal erlebt: Du bist krank, das Fieber steigt immer höher. Und irgendwann denkst du: Was ist, wenn das immer so weitergeht? Fängt das Blut dann an zu kochen? Stirbt man irgendwann?

Du brauchst jedoch keine Angst zu haben. Es stimmt zwar, dass unser Körper ab einer bestimmten Temperatur nicht mehr leben kann. Aber das ist schon lange, bevor es anfängt zu kochen: In medizinischen Fachbüchern steht meist eine Temperatur von 42,3 Grad. Es sollen aber auch schon Menschen eine kurzfristige Erwärmung auf 43 Grad überlebt haben. Wenn es wärmer wird, fangen die Proteine, das sind die Eiweißstoffe im Körper, an zu gerinnen – so wie das Eiklar in einem Hühnerei beim Erhitzen fest wird.

Weil der Mensch nur in einem sehr engen Temperaturbereich überleben kann, hat er aber auch einen sehr guten Regler. Du kennst wahrscheinlich den Thermostat an der Heizung: Man stellt ihn auf einen bestimmten Wert ein, und dann hält er die Temperatur im Zimmer konstant. Wird es zu kalt, schaltet er die Heizung ein, wird es zu warm, schaltet er sie wieder ab. So einen Thermostat haben wir auch im Gehirn. Bei Fieberkrankheiten passiert nichts anderes, als dass er höher gestellt wird. Bei höheren Temperaturen läuft das Abwehrsystem des Körpers sozusagen auf Hochtouren. Der Thermostat weiß aber auch recht genau, wann es zu heiß wird, und hört dann auf zu heizen. Lediglich ganz seltene Krankheiten, bei denen diese Temperaturregelung des Körpers selber gestört ist, können das Fieber auf gefährliche Werte steigen lassen.

Nach dem Essen soll man nicht schwimmen

Eine alte Empfehlung sagt, dass man nach dem Essen nicht schwimmen gehen soll, weil das zu Magenkrämpfen führen könnte. Meine Eltern haben mir sogar gesagt, ich solle nach dem Essen nicht in die Badewanne steigen, weil das gefährlich sei.

Ein amerikanischer Sportarzt hat vor 40 Jahren eine Untersuchung gemacht und viele Sport- und Hobbyschwimmer nach ihren Essgewohnheiten befragt. Sein Ergebnis: Selbst Sportler gönnen sich manchmal eine deftige Mahlzeit, bevor sie ins Becken springen. Und von den Befragten hatte noch nie einer einen Magenkrampf beim Schwimmen erlebt.

Andererseits: Wenn ihr euch so richtig den Bauch voll geschlagen habt – verspürt ihr dann Lust, ins Becken zu springen und ein paar Bahnen zu schwimmen? Wahrscheinlich nicht. Denn das Verdauen des Essens ist Schwerstarbeit für den Körper und macht deshalb müde. «Voller Bauch studiert nicht gern», sagt ein Sprichwort, und körperlich anstrengen will er sich dann auch nicht. Außerdem wird ein großer Teil des Blutes in der Bauchgegend zur Verdauung benötigt, und deshalb ist der Rest des Körpers nicht mehr so gut mit Blut versorgt. Das kann vor allem bei älteren Menschen dazu führen, dass ihr Kreislauf schlapp macht, wenn sie sich nach dem Essen zu sehr anstrengen.

Früher wurde von Schwimmverbänden wie der Deutschen Lebensrettungs-Gesellschaft (DLRG) geraten, dass man nach dem Essen eine Stunde warten solle, bevor man sich in die Fluten

Zahlen & Rekorde

Schwimmer mit langem Atem

Das «Guinness-Buch der Rekorde» verzeichnet mehrere erstaunliche Langstrecken-Schwimmrekorde: Die größte Strecke im Meer schwamm der Amerikaner Walter Poenisch senior: Er legte 207,3 km in 34 Stunden und 10 Minuten zurück. Die längste Strecke in 24 Stunden schwamm der Schwede Anders Forvass: 101,9 km! Ob die beiden vorher gegessen haben, wird nicht erwähnt.

stürzt. Inzwischen gibt es solche Regeln kaum noch. Das amerikanische Rote Kreuz rät in einer Broschüre: «Benutzen Sie Ihren gesunden Menschenverstand, wenn es ums Schwimmen nach dem Essen geht. Im Allgemeinen müssen Sie mit dem Schwimmen nicht eine Stunde warten, nachdem Sie gegessen haben. Jedoch ist es nach einer umfangreichen Mahlzeit sinnvoll, die Verdauung in Gang kommen zu lassen, bevor man mit anstrengenden sportlichen Aktivitäten wie Schwimmen beginnt.» Was nichts anderes heißt als: Achtet auf euren Körper und mutet ihm direkt nach dem Essen nicht zu viel zu. Er merkt selber, wann er zu viel hat.

Cola löst über Nacht ein Stück Fleisch auf

Das ist ein beliebtes Argument von Erwachsenen, die Kindern klar machen wollen, wie gefährlich Cola ist. Nun ist die braune Brause sicherlich nicht das gesündeste Getränk – sie enthält sehr viel Zucker und außerdem Koffein, ein leichtes Putschmittel, das auch im Kaffee vorkommt und nicht sehr gut für einen Kinderkörper ist. Das mit dem Fleisch stimmt aber trotzdem nicht.

Ich habe selber einmal ein Experiment gemacht und je ein Stückchen Rindfleisch in ein Glas mit Cola, eines mit Orangensaft, eines mit Mineralwasser und eines mit Leitungswasser gelegt. Nach 24 Stunden in der Cola hatte sich das Fleisch von dunkel- auf hellbraun gefärbt, war sehr mürbe geworden und roch übel. Die braune Farbe der Cola schwebte als unappetitliche Flocken in der trüben Brühe. Auf der Oberfläche hatte sich ein brauner Schaum gebildet. Getrunken hätte dieses Zeug bestimmt niemand mehr! In den anderen Gläsern dagegen ist das Fleisch nur aufgeweicht und ausgebleicht.

Wie konnte es zu diesem ekligen Prozess kommen? Die Colahersteller halten ja die exakte Zusammensetzung der Limo immer noch streng geheim. Aber die wichtigsten Zutaten sind längst allgemein bekannt: Kohlensäure, Phosphorsäure und Zucker. Und die Phosphorsäure ist wohl für die chemische Wirkung verantwortlich. Sie hat noch andere wundersame Effekte: Wenn man einen rostigen Nagel in Cola legt, dann verschwindet der Rost.

Nachgefragt

Wird das Rezept für Coca-Cola wirklich streng geheim in einem Tresor aufbewahrt?

Tatsächlich legt die Firma Coca-Cola großen Wert darauf, dass ihr Rezept geheim bleibt. Bis vor einigen Jahren behauptete sie sogar, dass immer nur zwei Manager das Rezept kennen durften (dass jeder von ihnen nur die halbe Formel wusste, ist aber falsch). Wahrscheinlich war das immer schon ein Werbegag. Die Leute sollten denken, dass ein so gut gehütetes Rezept sicherlich zu einem ganz besonderen Produkt gehört. In den Coca-Cola-Fabriken kennen sicherlich noch ein paar mehr Mitarbeiter die Zutaten für das braune Erfrischungsgetränk.

Eine weitere der vielen Cola-Legenden ist diese: Ein Zahn, in Cola eingelegt, soll sich über Nacht auflösen. Auch diese Geschichte stimmt nicht, hat aber einen wahren Kern: Die Brause greift wirklich den Zahnschmelz an, und wieder ist dafür die Phosphorsäure verantwortlich. In amerikanischen Versuchen verloren Ratten, die nur Cola zu trinken bekamen, innerhalb eines halben Jahres fast alle ihre Zähne.

Kühe geben mehr Milch,
wenn sie ruhige Musik hören

Über die angeblich positive Wirkung von klassischer Musik wird ja viel erzählt. Sie soll gut fürs Gehirn sein (vielleicht legst du mal eine Mozart-CD vor der nächsten Mathearbeit auf). Sie soll rasende Autofahrer beruhigen, und sogar Topfpflanzen sollen mit Musik besser wachsen. Bei Kühen ist die Wirkung sogar schon mehrfach getestet worden.

Das neueste Ergebnis stammt von einer englischen Forschergruppe. 1000 Kühe wurden neun Wochen lang täglich 12 Stunden mit Musik beschallt – unterschiedliche Stücke, mal schnell, mal langsam. Das Ergebnis: Es kommt gar nicht unbedingt darauf an, ob die Musik klassisch ist oder aus der Hitparade stammt, sondern eher aufs Tempo: Bei Beethovens «Pastorale», einem ruhigen, langsamen Stück, stieg die Milchproduktion um drei Prozent gegenüber der Milchmenge, die die Kühe ohne Beschallung gaben. Bei dem Stück «Back in the USSR», einer schnellen, rockigen Nummer von den Beatles, sank die Milchleistung um 2,2 Prozent. Bei einem anderen Versuch der Landesvereinigung der Milchwirtschaft Nordrhein-Westfalen kam 1998 heraus: Die Kühe mochten Mozarts «Kleine Nachtmusik». Aber bei Punkmusik von den Toten Hosen und bei Volksmusik gaben sie weniger Milch.

Es gibt auch andere Ergebnisse, die bestätigen, dass die Kühe mehr Milch produzieren, wenn man es ihnen in ihrem Stall gemütlicher macht und wenn man sich ihnen zuwendet und nett zu ihnen ist. So konnte man in Schleswig-Holstein den Milchertrag steigern, indem sich die Rindviecher auf Wasserbetten legen durften und man sie mit angenehmer ruhiger Musik beschallte. Fazit: Je wohler sich die Kuh fühlt, umso mehr Milch gibt sie.

Wenn man Kirschen isst und dann Wasser trinkt, bekommt man Bauchschmerzen

Bauchschmerzen entstehen vor allem durch Gas in Magen und Darm. Dieses Gas bildet sich zum Beispiel dann, wenn Obst im Magen anfängt zu gären. Damit das passiert, müssen allerdings Keime vorhanden sein, winzige Mikroorganismen, die überall auf uns und um uns herum leben. Sie kommen haufenweise in der freien Natur vor und sitzen auch auf den Kirschen.

Allerdings ist der Magen keine sehr gemütliche Umgebung für diese Winzlinge. Er ist voller Säure, und die tötet normalerweise die Bakterien und Pilze ab.

Wenn du allerdings eine große Menge Kirschen isst (mehr als ein Pfund), dann kann der Magen schon mal überfordert sein. Der Kirschbrei beginnt zu gären, und der Bauch tut weh.

Und was hat das Wasser damit zu tun? Früher war das Trinkwasser nicht so sauber wie heute. Es enthielt oft genau die Keime, die für die Gärung im Bauch verantwortlich sind. Das Wasser, das heute bei uns aus der Leitung kommt, ist dagegen keimfrei – also kein Grund zur Sorge. Dasselbe gilt übrigens auch für die Kombination Eis essen und Wasser trinken: Eis enthält normalerweise keine Keime, deshalb gärt da nichts.

Vögel können die Klingeltöne von Handys imitieren

Dass Vögel gut im Nachahmen von Geräuschen sind, weiß man ja schon seit längerer Zeit. Papageien sind besonders gute Imitationskünstler, aber auch unsere heimischen Stare, Drosseln und Amseln sind gut im Nachmachen von Tönen. Früher haben sie sich ihre Melodien von anderen Vögeln abgehört – vor allem Männchen, die damit ihr Revier markieren und den Weibchen imponieren wollen. Aber seit der Mensch die Umwelt auch akustisch verschmutzt, sind die Vögel dazu übergegangen, auch technische Geräusche nachzumachen: Sie können klingeln wie die Straßenbahn, quietschen wie die Bremsen eines Autos, und so mancher Fußballspieler hat schon den Pfiff eines Staren mit dem des Schiedsrichters verwechselt.

Deshalb war es keine sehr überraschende Meldung, die kürzlich vom britischen Vogelschutzbund kam: Jetzt können Vögel auch schon die Klingeltöne von Handys nachpfeifen. Es kann einem also passieren, dass man bei einem Waldspaziergang ganz allein auf weiter Flur ist, kein Mobiltelefon dabei hat – und trotzdem macht es plötzlich «düdelidü». Allerdings beherrschen die Vögel vor allem die Standard-Klingeltöne der Handys, nicht die vielen Sondermelodien, die man sich aufs Telefon laden kann. Und wen die handyklingelnden Vögel stören, der kann sich auch an den armen Tieren rächen: In Finnland gibt es eine Internetseite, die Vogelstimmen als Handyklingeltöne vertreibt.

Register